中华人民共和国
慈善法
百问百答

石宏 主编

中国法制出版社
CHINA LEGAL PUBLISHING HOUSE

前　言

2023年12月29日，十四届全国人大常委会第七次会议通过了《全国人民代表大会常务委员会关于修改〈中华人民共和国慈善法〉的决定》。同日，国家主席习近平签署第十六号主席令予以公布，该修改决定自2024年9月5日起施行。修改《中华人民共和国慈善法》（以下简称慈善法），是贯彻落实习近平总书记关于发展慈善事业重要论述和党中央有关决策部署的重要举措，是贯彻落实宪法规定和原则的有力举措，也是发展中国特色慈善事业，建立健全适合我国国情的慈善法律制度的必然要求。此次修改慈善法，坚持问题导向，结合慈善领域实践发展情况，重点优化慈善事业发展环境，规范引导慈善活动，健全监管制度机制，为新时代慈善事业高质量发展提供坚实法治保障。

为配合修改后的慈善法的学习和宣传工作，帮助民政部门、慈善活动参与者以及相关人员准确理解立法原意和法律规定，推动法律顺利实施，全国人大常委会法制工作委员会社会法室参与立法工作同志编写了《中华人民共和国慈善法百问百答》一书,由社会法室主任石宏担任主编,施春风、曹阳、朱涛、徐潇枫、杨帆、徐泽文、郭家琦等同志参与编写。本书紧扣慈善法实施过程中的具体问题,以问答形式和通俗易懂的语言,阐释这部法律的立法原意。由于时间和水平有限,不妥和疏漏之处在所难免,敬请广大读者批评指正。

编　者

2024 年 8 月

目录

1. 慈善法的调整范围是什么？ ……………………… 1
2. 什么是慈善活动？ ………………………………… 3
3. 开展慈善活动应当遵循哪些基本原则？ ………… 5
4. 慈善工作的管理体制是什么？ …………………… 7
5. "中华慈善日"是哪天？ ………………………… 9
6. 什么是慈善组织？ ………………………………… 10
7. 慈善组织可以采取哪些组织形式？ ……………… 12
8. 慈善组织应当符合哪些条件？ …………………… 14
9. 慈善组织登记认定的程序是什么？ ……………… 16
10. 慈善组织章程应当载明哪些事项？ …………… 17
11. 慈善组织的内部治理有哪些要求？ …………… 18
12. 慈善组织的会计监督管理有哪些要求？ ……… 20
13. 慈善组织年度报告包括哪些内容？ …………… 22
14. 慈善组织能否进行关联交易？ ………………… 24
15. 慈善组织能否对受益人附加条件？ …………… 26
16. 哪些人员不得担任慈善组织负责人？ ………… 27
17. 慈善组织应当终止的情形有哪些？ …………… 28

18. 慈善组织终止清算有哪些法定程序？……………… 30

19. 慈善行业组织能够发挥哪些作用？……………… 32

20. 什么是慈善募捐？……………………………… 34

21. 慈善募捐有哪些种类？………………………… 36

22. 慈善组织开展公开募捐应当取得什么资格？…… 37

23. 慈善组织以外的其他非营利性组织可以开展公开募捐吗？……………………………………… 39

24. 公开募捐的方式有哪些？……………………… 40

25. 公开募捐方案应当包括哪些内容？……………… 42

26. 募捐方案备案有哪些要求？…………………… 45

27. 开展公开募捐应当在现场或者载体中公开哪些信息？… 46

28. 合作公开募捐应当遵守哪些要求？……………… 48

29. 慈善组织应当通过哪些途径开展互联网公开募捐？… 50

30. 互联网公开募捐服务平台应当提供哪些服务？可以收费吗？…………………………………… 51

31. 广播、电视、报刊以及网络服务提供者、电信运营商的验证义务是什么？……………………… 53

32. 慈善组织开展定向募捐有什么要求？…………… 55

33. 开展定向募捐不能采取哪些方式？……………… 57

34. 怎么保护募捐对象的权利？…………………… 59

35. 能否向募捐对象摊派捐赠任务？………………… 60

36. 什么是慈善捐赠？……………………………… 61

37. 能否直接向受益人进行慈善捐赠？……………… 63

38. 捐赠的财产应当满足哪些特别要求？……………… 65
39. 捐赠人可以捐赠哪些财产？ ………………………… 67
40. 通过开展经营性活动实施捐赠有哪些要求？……… 70
41. 是否必须开具慈善捐赠票据？ …………………… 72
42. 慈善捐赠是否必须签订书面捐赠协议？…………… 74
43. 指定慈善捐赠受益人有什么要求？ ………………… 76
44. 利用慈善捐赠开展宣传，应当遵守哪些规定？……… 77
45. 在哪些情形下，捐赠人必须履行交付捐赠财产义务？ … 79
46. 在哪些情形下，捐赠人可以不履行捐赠义务？ ……… 81
47. 捐赠人如何了解捐赠财产的使用情况？ …………… 83
48. 捐赠人如何监督慈善组织使用捐赠财产？ ………… 84
49. 国有企业实施慈善捐赠有哪些特殊要求？ ………… 86
50. 什么是慈善信托？ …………………………………… 88
51. 慈善信托文件可以采取非书面形式吗？ …………… 90
52. 慈善信托文件备案的要求是什么？ ………………… 92
53. 慈善信托委托人的利害关系人能否作为受益人？ …… 94
54. 慈善信托受托人确定受益人的原则是什么？ ……… 96
55. 谁可以担任慈善信托的受托人？ …………………… 97
56. 慈善信托委托人如何变更受托人？ ………………… 98
57. 慈善信托受托人管理和处分信托财产的要求是什么？ ……………………………………………… 100
58. 慈善信托受托人是否需要向委托人报告信托事务处理情况？ ………………………………………… 102

3

59. 慈善信托是否必须设置监察人？ …………………… 104

60. 信托监察人应当履行哪些职责？ …………………… 105

61. 慈善信托相关制度是否适用《中华人民共和国信托法》？ ……………………………………………… 107

62. 慈善组织的财产包括什么？ ………………………… 110

63. 慈善组织的财产能否用于慈善以外的其他目的？ … 112

64. 慈善组织的财产能否分配？ ………………………… 114

65. 慈善组织如何对捐赠财产进行管理？ ……………… 116

66. 慈善组织的投资行为应当符合哪些要求？ ………… 119

67. 慈善组织应当如何使用捐赠财产？ ………………… 121

68. 慈善组织能否变更捐赠财产用途？ ………………… 123

69. 慈善组织应当如何运作慈善项目？ ………………… 125

70. 慈善项目终止后，剩余捐赠财产如何处理？ ……… 127

71. 慈善组织确定慈善受益人应当遵守什么要求？ …… 129

72. 受益人未按照协议使用慈善财产应当如何处理？ … 131

73. 慈善组织运用慈善财产应当遵守哪些要求？ ……… 133

74. 慈善组织开展慈善活动的年度支出、管理费用和募捐成本是否需要遵守相应的标准？ …………… 135

75. 慈善信托的年度支出和管理费用是否需要遵守相应的标准？ …………………………………………… 138

76. 什么是慈善服务？ …………………………………… 140

77. 慈善组织如何开展慈善服务？ ……………………… 142

78. 对慈善服务的受益人、志愿者有哪些保护性要求？ …… 143

79. 开展专业慈善服务有哪些特殊要求？ 145
80. 慈善组织招募志愿者时应当履行什么义务？ 146
81. 慈善组织应当如何对志愿者进行登记和记录？ 147
82. 慈善组织如何合理安排志愿者参与慈善服务？ 150
83. 志愿者参与慈善服务应当履行什么义务？ 152
84. 慈善组织应当如何保护志愿者合法权益和人身安全？ ... 154
85. 发生重大突发事件需要迅速开展救助时，人民政府应当如何处理？ 156
86. 对慈善组织、慈善行业组织建立应急机制的要求是什么？ 158
87. 慈善组织和志愿者应当如何开展或者参与应急慈善活动？ 160
88. 为应对重大突发事件开展公开募捐的，接收、分配或者使用募得款物应当遵守哪些要求？ 162
89. 为应对重大突发事件开展公开募捐的，募捐方案何时备案？ 164
90. 各级人民政府、村民委员会、居民委员会如何支持开展应急慈善活动？ 166
91. 国务院民政部门建立的统一的慈善信息平台主要发布哪些信息？ 168
92. 民政等有关部门应当主动向社会公开哪些慈善信息？ 170
93. 慈善组织应当向社会公开的信息有哪些？ 172

94. 对具有公开募捐资格的慈善组织的信息公开有哪些特殊要求？ 174

95. 开展定向募捐的慈善组织应当向捐赠人告知哪些信息？ 176

96. 慈善组织、慈善信托的受托人应当向受益人告知哪些信息？ 177

97. 哪些慈善相关信息不能公开？ 179

98. 县级以上人民政府在促进慈善事业发展方面应当履行哪些职责？ 181

99. 政府有关部门之间如何共享慈善信息？ 182

100. 慈善事业是否享受税收优惠措施？ 184

101. 慈善组织是否享受税收优惠？ 185

102. 慈善捐赠是否享受税收优惠？ 187

103. 慈善信托是否享受税收优惠？ 190

104. 受益人是否享受税收优惠？ 191

105. 慈善组织、捐赠人、受益人享受税收优惠的手续如何办理？ 193

106. 捐赠人是否享受免征行政事业性费用优惠？ 195

107. 国家对开展扶贫济困、参与重大突发事件应对、参与重大国家战略等的慈善活动是否有特殊的优惠政策？ 196

108. 国家在慈善事业土地使用方面有哪些促进措施？ 198

109. 国家是否对慈善事业发展采取金融支持政策？ 200

110. 政府如何支持慈善组织向社会提供服务？............ 201
111. 社会力量如何为慈善组织提供资金支持和能力
     建设服务？.. 202
112. 企业事业单位和其他组织如何支持慈善活动？........ 203
113. 捐赠人能否对其捐赠的慈善项目冠名纪念？.......... 204
114. 国家如何对在慈善事业发展中做出突出贡献的
     自然人和组织进行表彰？............................ 205
115. 慈善领域是否实行信用激励制度？.................. 207
116. 开展慈善国际交流与合作时需要履行什么程序？..... 208
117. 民政部门对涉嫌违法的慈善组织、慈善信托的
     受托人，有权采取哪些措施？........................ 209
118. 什么情况下，民政部门可以对慈善组织、慈善
     信托的受托人有关负责人进行约谈？................ 211
119. 民政部门对慈善组织、有关单位和个人进行检
     查或者调查应当遵守哪些要求？.................... 212
120. 慈善组织及其负责人、慈善信托的受托人信用
     记录制度包括哪些内容？............................ 214
121. 第三方机构在慈善组织评估工作中怎样发挥作用？... 216
122. 慈善行业如何加强自律？............................ 218
123. 有关部门对有关慈善领域违法行为的投诉、举
     报应当如何处理？.................................. 219
124. 慈善组织未按照慈善宗旨开展活动的，应当承
     担什么法律责任？.................................. 221

125. 慈善组织接受哪些社会捐赠可能违法，应当承担什么法律责任？ ………………………………… 223
126. 慈善组织泄露国家秘密、商业秘密的，如何处理？ … 224
127. 慈善组织违法开展募捐活动的具体情形及其法律责任是什么？ ………………………………… 225
128. 慈善组织直接负责的主管人员和其他直接责任人员在什么情况下需要承担法律责任？ …… 226
129. 不具有公开募捐资格擅自开展公开募捐的，应当承担什么法律责任？ ……………………… 228
130. 假借慈善名义或者假冒慈善组织骗取财产的，应当承担什么法律责任？ …………………… 230
131. 互联网公开募捐服务平台违反慈善法第二十七条规定时如何处理？ ……………………… 232
132. 未经指定的互联网信息服务提供者擅自提供互联网公开募捐服务的如何处理？ ………… 234
133. 广播、电视、报刊以及网络服务提供者、电信运营商未依法履行验证义务，如何处理？ …… 235
134. 慈善组织不依法向志愿者出具志愿服务记录证明，应当承担什么法律责任？ ……………… 237
135. 慈善组织弄虚作假骗取税收优惠的，应当承担什么法律责任？ ………………………………… 239
136. 慈善组织从事、资助危害国家安全或者社会公共利益活动的，应当承担什么法律责任？ …… 241

137. 慈善信托的委托人、受托人存在违法行为的，
    应当承担什么法律责任？ …………………… 243
138. 慈善服务过程中，因慈善组织或者志愿者过错
    造成受益人、第三人损害时如何处理？ …… 245
139. 志愿者在参与慈善服务过程中，因慈善组织过错
    受到损害的，慈善组织应当承担哪些民事责任？ …… 247
140. 民政部门和其他有关部门及其工作人员在慈善
    活动监督管理过程中的违法情形及其法律责任
    有哪些？ …………………………………… 249
141. 违反慈善法规定，同时构成违反治安管理行为
    或者犯罪的，应当如何处理？ ……………… 251
142. 城乡社区组织、单位能否开展群众性互助互济
    活动？ ……………………………………… 253
143. 慈善组织以外的其他组织能否开展慈善活动？ ……… 255
144. 因疾病等原因向社会发布求助信息的求助人和
    信息发布人应当承担什么义务？ …………… 256
145. 从事个人求助网络服务的平台应当承担什么义务？ … 258
146. 从事个人求助网络服务的平台应当遵守哪些规定？ … 259

附　录
中华人民共和国主席令（第十六号） ………… 260
中华人民共和国慈善法 ………………………… 261
　　（2023 年 12 月 29 日）

1 慈善法的调整范围是什么？

答：法律的调整范围，也称法律的效力范围。包括法律的时间效力，即法律从什么时候开始发生效力和什么时候失效；法律的空间效力，即法律适用的地域范围；以及法律对人的效力，即法律对什么人（指具有法律关系主体资格的自然人、法人和非法人组织）适用。关于慈善法的时间效力，附则第一百二十五条作了规定，即自 2016 年 9 月 1 日起施行。《全国人民代表大会常务委员会关于修改〈中华人民共和国慈善法〉的决定》则是自 2024 年 9 月 5 日起施行。因此，本次慈善法修改的内容，将自 2024 年 9 月 5 日起施行。关于慈善法的空间效力问题，按照法律空间效力范围的普遍原则，是适用于制定它的机关所管辖的全部领域，慈善法作为全国人民代表大会制定的法律，其效力自然及于中华人民共和国的全部领域。按照我国香港、澳门两个特别行政区基本法的规定，只有列入这两个基本法附件三的全国性法律，才能在这两个特别行政区适用。慈善法没有列入两个基本法的附件三，因此，慈善法不适用于香港特别行政区和澳门特别行政区。香港和澳门的慈善立法，应由这两个特别行政区的立法机关自行制定。

慈善法调整的主体范围，包括自然人、法人和非法人组织。自然人就是通常意义上的人，既包括中国公民，也包括我国领域内的外国人和无国籍人。法人是具有民事权利能力和民事行为能力，依法独立享有民事权利和承担民事义务的组织，包括在中国境内依法成立的营利性法人、非营利性法人和特别法人。非法人组织是不具有法人资格，但是能够依法以自己的名义从事民事活动的组织，包括个人独资企业、合伙企业、不具有法人资格的专业服务机构等。民法典将民事主体的类型分为自然人、法人和非法人组织，此次慈善法修改，与民法典的规定进行衔接，将慈善法条文中的"其他组织"修改为"非法人组织"。可以看出，慈善法在主体适用方面是开放性的，没有加以限制。

2 什么是慈善活动？

答：慈善活动是指自然人、法人和非法人组织以捐赠财产或者提供服务等方式，自愿开展的公益活动。哪些活动属于慈善活动，慈善法列举了以下具体内容：

（一）扶贫、济困。即扶持贫穷的人、接济困难的人，扶助贫困户或贫困地区发展生产，改变穷困面貌，用金钱或物资帮助生活困难的人。

（二）扶老、救孤、恤病、助残、优抚。即扶助老人、救助孤儿、体恤救济病人、帮助残疾人、优待抚恤对象。"优抚"是指对优抚对象的抚恤优待，根据我国《军人抚恤优待条例》的规定，中国人民解放军现役军人、服现役或者退出现役的残疾军人以及复员军人、退伍军人、烈士遗属、因公牺牲军人遗属、病故军人遗属、现役军人家属统称为优抚对象。这类人群为国家和人民作出了牺牲和贡献，在享受国家有关待遇的同时，也应当得到全社会的帮助。

（三）救助自然灾害、事故灾难和公共卫生事件等突发事件造成的损害。自然灾害、事故灾难和公共卫生事件等突发事件会在短期内使较多人的生存生活受到较大损害，需要政府和全社会对此进行救助和支持。实践中，慈善力量作为政府救助力量的有益补充，发挥了重要作用。慈善法对应急慈善活动专门作了规定。

（四）促进教育、科学、文化、卫生、体育等事业的发展。慈善活动也不应只局限于对生活困顿的帮助，而应更加关注人民群众在教育、科学、文化、卫生、体育等方面的需求，为困难群众、弱势群体等提供更高质量的教育条件、更加丰富的文化生活、更加卫生的生活环境等，促进教育、科学、文化、卫生、体育等事业更加均衡、更高质量地发展。

（五）防治污染和其他公害，保护和改善生态环境。生态环境是人类生存和发展的根基。防治污染和其他公害，保护和改善生态环境是一个需要付出长期艰苦努力的过程，不只是政府的职责，还需要每个人共同参与，发挥社会的力量，因此将为保护和改善生态环境所开展的公益活动也纳入慈善活动的范围。

（六）符合慈善法规定的其他公益活动。慈善活动的范围很广，而且随着经济社会的发展，可能会有更多其他的公益活动成为慈善活动。为避免列举不全，采用了兜底表述方式。

3 开展慈善活动应当遵循哪些基本原则？

答：一是合法原则。开展慈善活动应当依照慈善法的规定进行。除慈善法之外，《中华人民共和国民法典》、《中华人民共和国公益事业捐赠法》、《中华人民共和国信托法》以及国务院出台的行政法规和地方及有关部门出台的法规规章也对开展慈善活动作出了规定，开展慈善活动应当遵守这些规定。

二是自愿原则。开展慈善活动涉及慈善组织、捐赠人、志愿者、受益人等多方参与人，各方当事人应当在自愿的基础上确定相互之间的权利和义务。实践中有的单位在发生自然灾害时，为了完成捐款任务，直接从职工的工资中扣除相关的捐款，该做法违背了慈善活动应当遵循自愿的原则。为充分保障慈善活动的自愿性，慈善法第三十二条规定，开展募捐活动，不得摊派或者变相摊派。

三是诚信原则。诚信原则要求捐赠人履行捐赠承诺；要求慈善组织尊重和维护募捐对象的合法权益，保障募捐对象的知情权，不得通过虚构事实等方式欺骗、诱导募捐对象实施捐赠等；同时有关慈善活动参与者要履行法律规定的信息公开义务，以增加慈善行业的公信力，把慈善事业做成人人信任的"透明口袋"。

四是非营利原则。非营利是指自然人、法人和非法人组织开展慈善活动不能以营利为目的。但是，非营利并不意味着慈善组织不能参与任何的营利性活动，而是要求慈善组织通过经营取得的收入和利润必须用于慈善事业，不得在其发起人、成员中分配，以保证慈善组织的慈善宗旨不会改变。"非营利"是慈善组织的最本质特征，也是慈善活动与其他民事活动的关键区别所在。

五是不得违背社会公德，不得危害国家安全、损害社会公共利益和他人合法权益的原则。社会公德是全体社会成员所普遍认可、遵循的道德准则。国家安全、社会公共利益和他人合法权益依法受到保护。开展慈善活动不得违背社会公德，不得危害国家安全、损害社会公共利益和他人合法权益，慈善活动参与者在按照其主观意愿自愿开展慈善活动的同时，也应当遵守该禁止性规定。

4 慈善工作的管理体制是什么？

答：县级以上人民政府应当统筹、协调、督促和指导有关部门在各自职责范围内做好慈善事业的扶持发展和规范管理工作。其中，民政部门主管本行政区域内慈善工作，其他有关部门则依法在各自的职责范围内做好相关工作，加强对慈善活动的监督、管理和服务；慈善组织有业务主管单位的，业务主管单位应当对其进行指导、监督。

各级民政部门应当依法履行职责，做好慈善组织的登记和认定工作，加强对慈善组织及其活动的监督检查和对慈善行业组织的指导，对涉嫌违法的慈善组织依法给予处罚。

除民政部门外，慈善工作还涉及多个政府部门职责。慈善法在具体的条文中规定了政府有关部门的职责，例如：依法对慈善组织的财务会计、享受税收优惠和使用公益事业捐赠统一票据、财务会计报告的审计等情况进行监督管理；向慈善组织、慈善信托受托人等提供慈善需求信息，为慈善活动提供指导和帮助，通过购买服务等方式，支持符合条件的慈善组织向社会提供服务，并依照有关政府采购的法律法规向社会公开相关情况；广播、电视、报刊以及网络服务提供者、电信运营商未履行相关验证义务的，由其主管部门予以警告，责令限期改正，逾期不改正的，予以通报批评；慈善组织弄虚作假骗取税收优惠的，由税务机关依法查处等。

慈善组织属于社会组织范畴，采取登记管理机关和业务主管单位双重负责的管理体制。针对慈善组织管理中暴露出的部门职责不清、监管机制不完善的问题，慈善法明确了业务主管单位对慈善组织的指导、监督职责，压实了业务主管单位的责任。

5 "中华慈善日"是哪天？

答：慈善法规定，每年9月5日为"中华慈善日"。设立慈善日在国际上也有先例。2012年12月17日，联合国大会作出决议，为纪念在1997年9月5日逝世的特里萨修女，将每年的9月5日定为国际慈善日。在我国法律中规定"中华慈善日"，与联合国决议相衔接，有利于促进这一领域的国际交流与合作。

2016年慈善法施行以来，民政部连续多年开展"中华慈善日"主题宣传，支持建设南通中华慈善博物馆，积极宣传普及慈善法，大力弘扬慈善文化，引导推动社会各界关心慈善、支持慈善、参与慈善。各地也广泛采取人民群众喜闻乐见的方式加大慈善宣传力度，"人人可为、人人愿为、人人乐为"的良好公益慈善氛围正在形成。

6 什么是慈善组织？

答：慈善法规定，慈善组织是指依法成立、符合该法规定，以面向社会开展慈善活动为宗旨的非营利性组织。从形式上看，慈善组织具有依法成立、符合慈善法规定条件等特征。从实质上看，可以从下几个方面理解慈善组织的特征：（一）公益性。慈善组织的公益性，是指以面向社会开展公益活动为宗旨，以奉献社会、服务大众为使命，不以特定私人利益作为组织目的，相关财产不得被私人分配和利用，也不得兼顾私利。关于"面向社会开展慈善活动"，主要是指慈善组织开展慈善活动的受益对象，应当是不特定的多数人。公益性是慈善组织的重要特征，但不是慈善组织的独有特征，除慈善组织外，其他的法人组织和非法人组织开展公益活动，也可能具有公益性。（二）非营利性。慈善组织的非营利性，是指不以营利为目的，没有股东，不分配利润。"非营利"并不代表慈善组织不能从事一定的投资行为，而是要求其投资所获得的收益只能继续用于慈善事业，不得进行分配，即"禁止利润分配原则"。从国际经验来看，西方发达国家普遍允许慈善组织从事一定的投资行为。为此,慈善法第五十五条对慈善组织为实现财产保值增值进行投资作出了专门的规定。(三)财产独立性和公共性。慈善组织的财产主要来自捐赠及其孳息,捐赠人的财产一旦捐给慈善组织,就不再属于捐赠人所有。慈善组织所有的财产都属于慈善财产,其财产的使用受到慈善宗旨和捐赠合同的限定,必须用于慈善目的,不得在慈善组织发起人、捐赠人和慈善组织成员中分配。(四)自治性。慈善组织为切实履行自身宗旨,应当建立一套与其开展活动的特点相适应的内部治理机制,包括决策、执行及监督机制。

7 | 慈善组织可以采取哪些组织形式?

答：慈善组织可以采取基金会、社会团体、社会服务机构等组织形式。基金会、社会团体、社会服务机构可以申请登记、认定为慈善组织，符合条件的就是慈善法所称的慈善组织，不符合条件的就不属于慈善组织。

（1）基金会。基金会是利用自然人、法人或者其他组织捐赠的财产，以从事公益事业为目的的非营利性法人。按照《基金会管理条例》的规定，基金会分为公募基金会和非公募基金会。目前，绝大多数基金会都属于慈善组织，如中国青少年发展基金会、中国残疾人福利基金会、中华环境保护基金会、爱佑慈善基金会、安利公益基金会、北京大学教育基金会等。但是，也有一部分基金会未被认定为慈善组织。

（2）社会团体。社会团体是由公民自愿组成，为实现会员共同意愿开展活动的非营利性社会组织。主要类型有协会、学会、研究会、促进会、联合会、校友会等。社会团体要成为慈善组织，需以慈善即社会公共利益为宗旨，而不是服务于会员群体。慈善会、志愿者协会、社会工作者协会等社会团体就是典型的慈善组织。例如，中华慈善总会、中华环保联合会、中国扶贫开发协会、中国社会工作联合会等。一些行业协会、商会、校友会等社会团体，是以服务会员群体为宗旨的，因此不属于慈善法所称的慈善组织。

（3）社会服务机构。社会服务机构，是指企业事业单位和其他社会力量以及公民个人利用非国有资产举办的，从事非营利性社会服务活动的社会组织。目前，社会服务机构的主要类型有非营利的民办教育机构、民办医疗机构、社工服务机构等。社会服务机构要想成为慈善组织，需要以面向社会开展慈善活动为宗旨，并符合慈善组织相应的条件，履行相应的登记或者认定程序。

8 慈善组织应当符合哪些条件？

答：设立慈善组织的条件包括宗旨、目的、名称和住所、组织章程、财产、组织机构和负责人等方面。具体而言：

（1）以开展慈善活动为宗旨。开展慈善活动是慈善组织安身立命的基础，更是慈善组织最基本的功能和价值所在。成为慈善组织最首要的前提条件是以开展慈善活动为宗旨。（2）不以营利为目的。不以营利为目的包含了三个层面的含义。第一，慈善组织设立的目的不是营利。慈善组织的宗旨、章程应当符合慈善的基本要求，出发点不是为了开展经营活动，获取利润。第二，"不以营利为目的"并不排斥投资经营活动。为实现慈善财产的保值、增值，可以开展低风险的投资经营活动。第三，投资取得的收益属于慈善财产的一部分，也应当全部用于慈善目的，不得进行与慈善活动无关的分配。（3）有自己的名称和住所。慈善组织的名称，是体现其宗旨和业务范围的重要标志，是慈善组织与其他组织最为直观的区别。慈善组织的名称应当符合相关法律、法规的规定。作为社会组织实体，慈善组织需要具备与其开展慈善活动相适应的住所，这是慈善组织的基本物质基础。（4）有组织章程。组织章程是慈善组织为了调整其内部关系，规范慈善组织从业人员行为而制定的、具有明显行为规则性质的文件，是设立慈善组织的必备文件，是慈善组织内部管理和活动的根本准则。（5）有必要的财产。慈善组织开展慈善活动的主要方式是向受益人提供资助和服务，这些活动需要慈善组织具备必要的财产。为保证慈善组织正常运转，也需要相应的资金支持。（6）有符合条件的组织机构和负责人。符合条件的组织机构和负责人是慈善组织规范运行的重要条件。有关的行政法规对慈善组织的组织机构和负责人提出了明确的要求。（7）法律、行政法规规定的其他条件。由于慈善组织可以采取不同的组织形式，相关的行政法规对这些组织还有一些具体的要求，慈善组织要相应地符合这些要求，才能保证慈善活动顺利开展。

9 慈善组织登记认定的程序是什么？

答：设立慈善组织，应当向县级以上人民政府民政部门申请登记，民政部门应当自受理申请之日起三十日内作出决定。符合慈善法规定条件的，准予登记并向社会公告；不符合条件的，不予登记并书面说明理由。已经设立的基金会、社会团体、社会服务机构等非营利性组织，可以向办理其登记的民政部门申请认定为慈善组织，民政部门应当自受理申请之日起二十日内作出决定。符合慈善组织条件的，予以认定并向社会公告；不符合慈善组织条件的，不予认定并书面说明理由。有特殊情况需要延长登记或者认定期限的，报经国务院民政部门批准，可以适当延长，但延长的期限不得超过六十日。实践中，基金会、社会团体、社会服务机构根据其规模大小、活动范围不同，在不同层级的民政部门登记。设立慈善组织，应当向民政部门提交相应的申请文件，包括申请书、章程草案、财产证明、住所证明、组织机构情况、负责人身份证明和简历等材料。

10 慈善组织章程应当载明哪些事项？

答：慈善组织的章程，是指由慈善组织制定、经过登记管理部门审查批准的文件，是慈善组织根本性的规章制度。慈善组织的章程，应当符合法律法规的规定，并载明下列事项：（一）名称和住所；（二）组织形式；（三）宗旨和活动范围；（四）财产来源及构成；（五）决策、执行机构的组成及职责；（六）内部监督机制；（七）财产管理使用制度；（八）项目管理制度；（九）终止情形及终止后的清算办法；（十）其他重要事项。为保证章程的规范性，上述事项是章程应当载明的必备条款，是登记管理机关重点审查的内容。实践中，为保证慈善组织章程的合法性和规范性，登记管理机关通常会制发章程范本，供慈善组织登记申请人在起草章程时参考。

11 慈善组织的内部治理有哪些要求？

答： 慈善组织的内部治理结构主要包括决策、执行和监督三个方面。(1) 决策机构。决策机构是慈善组织的中枢，通过定期召开会议等形式，行使决策权，如制定、修改章程，选举、罢免慈善组织负责人，决定慈善组织的重大业务计划，如资金募集、管理和使用计划，年度收支预算和决算审定，制定内部管理制度，决定设立办事机构、分支机构和代表机构，决定慈善组织的分立、合并或终止等重大事项。慈善组织的章程中，应当对该慈善组织决策机构的组成和职权作出明确的规定。例如，基金会的决策机构是理事会，社会团体的决策机构是会员大会或者会员代表大会。决策机构依法行使章程规定的职权。(2) 执行机构。执行机构负责主持开展日常工作，是慈善组织内部具体组织开展慈善活动的机构。如基金会的执行机构通常是秘书处，在理事长和秘书长的领导下开展工作。执行机构的职权除了保证慈善组织的日常运转，还负责组织实施年度工作计划，协调慈善组织内部各机构开展工作，代表本慈善组织对外签署文件、合同和接受捐赠、开展募捐，具体负责慈善财产的管理和使用，组织招募志愿者开展慈善活动等。

（3）监督机构。监督机构依照章程规定的程序，负责检查慈善组织的财务和会计资料，监督决策机构、执行机构遵守法律法规和章程的情况，有权向决策机构提出质询和建议，并向登记管理机关、业务主管单位以及税务、会计主管部门反映情况等。

12 慈善组织的会计监督管理有哪些要求？

答：慈善组织开展慈善活动涉及慈善财产的管理和使用，慈善财产兼具独立性和公共性的特点，对慈善财产管理和使用情况进行会计监督时，不宜采用企业等营利组织的会计制度。对慈善组织的会计规范包括三个方面：

（1）依法进行会计核算。《民间非营利组织会计制度》对慈善组织的会计核算提出了明确的要求。慈善组织的会计核算应当以权责发生制为基础，遵循谨慎性原则，以实际发生的交易或者事项为依据，如实反映慈善组织的财务状况、业务活动情况和现金流量等信息。会计核算所提供的信息应当能够满足会计信息使用者（如捐赠人、会员、监管者等）的需要。会计核算应当按照规定的会计处理方法进行，会计信息应当口径一致、相互可比。会计核算应当及时进行，不得提前或延后。会计核算和编制的财务会计报告应当清晰明了，便于理解和使用。在会计核算中，所发生的费用应当与其相关的收入相配比，同一会计期间内的各项收入和与其相关的费用，应当在该会计期间内确认。

（2）建立健全会计监督制度。慈善组织要结合宗旨和开展慈善活动的特点，制定相应的内部会计控制制度，以加强内部会计监督，提高会计信息质量和管理水平。健全的会计监督制度包括内部牵制、财产清查和内部审计三个方面。内部牵制是慈善组织内部的各机构、各环节相互牵制、相互监督；财产清查是定期对慈善财产、物资进行核对，通过核对是否账实相符，检查内部制约的执行情况；内部审计是对慈善组织内部牵制制度落实情况、开展慈善活动情况进行的审计，保证慈善财产的规范、有效使用。

（3）接受政府有关部门的监督管理。除接受民政部门的监督管理外，财政、审计、监察等政府有关部门根据慈善财产的性质，在各自职责范围内也有权对慈善组织执行会计制度的情况进行监督管理。如县级以上人民政府监察机关、审计机关依法对通过慈善组织的自然灾害救助款物、捐赠款物的管理使用情况进行监督检查。全国性的慈善组织使用国有资产的情况，还要接受中央财政等有关部门的监督管理。

13 | 慈善组织年度报告包括哪些内容？

答：慈善组织应当每年向办理其登记的民政部门报送年度工作报告和财务会计报告。报告应当包括年度开展募捐和接受捐赠、慈善财产的管理使用、慈善项目实施、募捐成本、慈善组织工作人员工资福利以及与境外组织或者个人开展合作等情况。开展募捐和接受捐赠情况，包括开展募捐的时间、地域、形式以及捐赠的种类、数量等情况。慈善财产的管理使用情况，包括对募集的财产登记造册，对捐赠的不易储存、运输或者难以直接用于慈善目的的实物进行拍卖或者变卖，为实现财产保值、增值进行投资，按照募捐方案或者捐赠协议使用捐赠财产等情况。慈善项目实施情况，包括慈善项目实施流程、受益人、项目支出、对项目实施进行跟踪监督等情况。募捐成本情况，主要是指慈善组织为了获得捐赠资产而发生的费用情况，包括举办募款活动费，准备、印刷和发放募款宣传资料费以及其他与募款或者争取捐赠资产有关的费用等情况。慈善组织工作人员工资福利情况，是指慈善组织为其工作人员提供工资、奖金、津贴、补贴等待遇的情况。与境外组织或者个人开展合作情况，主要是指慈善组织与境外组织或者个人合作开展慈善活动的情况。

14 慈善组织能否进行关联交易？

答：慈善组织虽然不以营利为目的，但是为实现财产的保值、增值可以进行投资活动和商业活动，在这一过程中存在很多交易行为，就有可能产生关联交易。慈善法规定慈善组织的发起人、主要捐赠人以及管理人员，不得利用其关联关系损害慈善组织、受益人的利益和社会公共利益；慈善组织的发起人、主要捐赠人以及管理人员与慈善组织发生交易行为的，不得参与慈善组织有关该交易行为的决策，有关交易情况应当向社会公开。

以上规定，并不是禁止慈善组织所有的关联交易。有些情况下，在关联交易中交易双方相互了解、彼此信任，可避免信息不对称，出现问题协调解决，能提高交易效率，降低交易成本，不排除有的关联交易是对慈善组织有利的。例如，慈善组织以低于市场价的价格从其发起人控股的公司承租房屋、购买设备等。法律禁止的是慈善组织的发起人、主要捐赠人、管理人员利用其关联关系损害慈善组织、受益人的利益和社会公共利益的关联交易，以及慈善组织的发起人、主要捐赠人、管理人员参与慈善组织有关交易行为的决策和不向社会公开有关交易情况的行为。符合以下几项规定的关联交易是允许的：一是不得使慈善组织、受益人的利益和社会公共利益受损；二是慈善组织的发起人、主要捐赠人、管理人员不得参与相关交易的决策；三是关联交易必须做好信息公开。

15 | 慈善组织能否对受益人附加条件？

答：慈善组织根据需要可以与受益人签订协议，明确双方权利义务，约定慈善财产的用途、数额和使用方式等内容。受益人应当遵守协议，按照协议约定使用慈善财产，未按照协议使用慈善财产或者有其他严重违反协议情形的，慈善组织有权要求其改正；拒不改正的，慈善组织有权解除协议并要求受益人返还财产。但同时，慈善法也明确规定，开展慈善服务，应当尊重受益人的人格尊严，不得侵害受益人的隐私；慈善组织不得对受益人附加违反法律法规和违背社会公德的条件。

16 哪些人员不得担任慈善组织负责人？

答：慈善法规定了慈善组织负责人的限制性条件，包括：（一）无民事行为能力或者限制民事行为能力的；（二）因故意犯罪被判处刑罚，自刑罚执行完毕之日起未逾五年的；（三）在被吊销登记证书或者被取缔的组织担任负责人，自该组织被吊销登记证书或者被取缔之日起未逾五年的；（四）法律、行政法规规定的其他情形。对于慈善组织负责人的范围，现行法律、行政法规并未作出明确规定。慈善组织主要采取基金会、社会团体以及社会服务机构等社会组织形式，根据具体组织形式，实际中通常认为慈善组织负责人可能包括社会团体的理事长或者会长、副理事长或者副会长、秘书长，基金会的理事长、副理事长、秘书长，社会服务机构的理事长、副理事长、执行机构负责人等。

17 | 慈善组织应当终止的情形有哪些？

答： 慈善组织的终止是指慈善组织因发生章程规定或者法律规定的解散事由而停止活动，最终可能失去法律人格的法律行为。慈善法规定，慈善组织有下列情形之一的，应当终止：（一）出现章程规定的终止情形的。终止情形是慈善组织章程中必须记载的事项，在制定章程时，可以预先约定慈善组织终止的各种事由。（二）因分立、合并需要终止的。慈善组织分立需要终止的，则主要是指新设分立，是指一个慈善组织拆分为两个或者两个以上新的慈善组织，原有慈善组织消灭法人资格的法律行为；而派生分立由于原有慈善组织仍然存在，因此不涉及终止事宜。慈善组织的合并，是指两个或者两个以上的慈善组织依照有关法律规定，共同组成一个慈善组织的法律行为。慈善组织的合并可以分为吸收合并和新设合并两种形式。（三）连续二年未从事慈善活动的。目的是督促慈善组织及时将募集到的慈善财产用于慈善活动，避免慈善组织长期停摆，慈善财产长期闲置，没有从事或用于慈善活动。（四）依法被撤销登记或者吊销登记证书的。撤销登记或者吊销登记证书的法律依据并不局限于慈善法，根据其他法律、行政法规规定被撤销登记或者吊销登记证书的，慈善组织也应当终止。（五）法律、行政法规规定应当终止的其他情形。慈善组织除应当遵守慈善法规定外，还应遵守其他法律、行政法规的规定。

18 慈善组织终止清算有哪些法定程序？

答：慈善法规定，慈善组织终止，应当进行清算。慈善组织的清算由慈善组织的决策机构成立的清算组按照法定程序进行。主要包括以下程序：

（1）依法成立清算组。慈善组织的决策机构应当在法定终止情形出现之日起三十日内成立清算组进行清算，并向社会公告。慈善组织的清算组是指在慈善组织清算期间负责清算事务执行的法定机构。由于慈善组织终止后其业务执行机构丧失了执行权力，必须由清算组接管慈善组织的后继事务。一般情况下清算组由慈善组织的决策机构成立。从一般实践和相关法律法规的规定来看，清算组在清算期间的职权包括：一是全面清理慈善组织财产，列出财产清单；二是处理与清算有关的慈善组织未了结的慈善项目或慈善服务等业务；三是清缴慈善组织所欠税款以及清算过程中所产生的税款；四是代表慈善组织参与民事诉讼活动等。慈善组织不成立清算组或者清算组不履行职责的，办理其登记的民政部门可以申请人民法院指定有关人员组成清算组进行清算。

（2）清算后剩余财产的处理。慈善组织清算后的剩余财产不得向其发起人、捐赠人以及慈善组织成员进行分配。慈善组织作为非营利组织，其财产属性与公司的财产属性不同，其名义上虽然属于慈善组织，但具有社会公共属性。因此，慈善法明确规定慈善组织清算后的剩余财产，应当按照慈善组织章程的规定转给宗旨相同或者相近的慈善组织；章程未规定的，由办理其登记的民政部门主持转给宗旨相同或者相近的慈善组织，并向社会公告。

（3）办理注销登记手续。慈善组织清算结束后，应当向办理其登记的民政部门办理注销登记，并由民政部门向社会公告。办理注销登记后其法人资格取消，由民政部门履行信息公开的义务，向社会公告慈善组织的注销情况。

19 | 慈善行业组织能够发挥哪些作用？

答：慈善行业组织是慈善行业自律的载体，对于规范慈善组织的行为，促进慈善事业的健康发展，具有重要意义。具体来说，慈善行业组织可以发挥以下方面职能：

（1）积极反映慈善行业诉求，加强同主管部门的联系。慈善行业组织通常由慈善组织作为会员单位发起设立，应当代表广大慈善组织的利益，担负起慈善行业与行业主管单位之间联系纽带的作用。具体来说，一方面慈善行业组织应当及时向政府反映各类慈善主体的意见和建议，协助政府制定和完善慈善法律法规政策。例如，在慈善法修改期间，有关慈善行业组织曾多次组织召开座谈会，收集慈善组织对草案的修改意见，并通过意见征集渠道及时反馈给立法机关，为完善慈善法做出了贡献。另一方面慈善行业组织应当带头宣传贯彻慈善法律法规政策，协助广大慈善组织准确理解其条文规定，确保慈善事业合法合规。

（2）推动行业交流，引领行业规范发展。慈善行业组织不仅是沟通主管部门的桥梁，还是慈善组织沟通交流的重要场合。慈善行业组织可以通过定期组织行业论坛、创办行业期刊杂志等形式，汇聚慈善领域相关信息，分享优秀经验成果，推动慈善资源与需求的有效对接等。同时，慈善行业组织可以牵头推动慈善事业规范化发展，如起草自律性行业公约，研讨慈善行业职业伦理等，推动慈善行业整体发展水平的提升。

（3）落实行业监督机制，提高慈善行业公信力。公信力是慈善事业的生命力，慈善行业组织可以在行业监督方面有所作为。一方面，慈善行业组织可以提供举报渠道，接收来自社会公众的匿名投诉，及时将有关问题线索反馈给主管民政部门。另一方面，慈善行业组织可以选树典型，通过组织行业年会等方式，评选出优秀的慈善组织和慈善项目。

（4）其他促进慈善事业发展的职能。除前述这些主要职能外，慈善行业组织还可以发挥主观能动性，充分利用会员资源，开展形式多样的促进慈善事业发展的活动。例如，编写区域慈善组织发展年鉴，组织慈善组织联合宣传慈善文化，指导慈善组织加强国际交流与合作等。

20 | 什么是慈善募捐？

答：慈善法所称慈善募捐，是指慈善组织基于慈善宗旨募集财产的活动。慈善募捐主要有以下三个方面的特征：

（1）慈善募捐是慈善组织的专属活动。根据慈善法第二条的规定，自然人、法人和非法人组织均可开展慈善活动，但慈善募捐只能由慈善组织来实施。慈善法对慈善募捐的主体资格，无论是定向募捐还是公开募捐，均作了明确界定，即慈善组织自成立之日起可以开展定向募捐，慈善组织开展公开募捐需要依照慈善法规定取得公开募捐资格。按照这些规定，慈善募捐是慈善组织的专属活动，也是慈善组织享有的特有权利。慈善组织以外的其他组织或者个人不得开展慈善募捐，无论是定向募捐还是公开募捐。

（2）慈善募捐应当服务于慈善宗旨的实现。慈善法对慈善宗旨未作界定，但是根据慈善法第三条对慈善活动的定义，慈善宗旨与开展慈善活动的含义基本上是一致的，本质上都是一种公益活动。慈善宗旨是指某一特定的慈善组织为开展慈善活动而设定的目标。慈善组织开展慈善募捐，其目的是通过募捐活动筹集慈善财产，用于开展慈善活动。

（3）慈善募捐是募集财产的活动。"募捐"又可称为"筹集款物"，是指将分散的社会资金和财物动员并集中起来的过程。慈善募捐是指基于慈善宗旨的募捐行为，其行为本身是指通过设置募捐箱或者通过广播、电视、报刊、互联网等媒体发布募捐信息等方式，劝导社会公众或者特定对象向慈善组织捐赠款物，是积极、主动的行为，这也是其区别于被动接受捐赠的特征。

21 | 慈善募捐有哪些种类？

答：慈善募捐，包括面向社会公众的公开募捐和面向特定对象的定向募捐。（1）公开募捐。公开募捐是面向社会公众募集慈善财产的一种募捐活动。公开募捐的核心特征在于募捐对象的不确定性，即慈善组织在开展公开募捐时，其所针对的对象是不特定的社会公众，而非特定的某些人或者某一类人。（2）定向募捐。定向募捐是面向特定对象募集慈善财产的一种募捐活动。定向募捐的核心特征在于募捐对象的特定性。理解募捐对象的"特定性"，关键在于募捐对象与慈善组织之间是否具有"特定的关系"，如慈善组织的发起人、理事会成员和会员等，是与慈善组织具有特定关系的人。

22 慈善组织开展公开募捐应当取得什么资格？

答：慈善组织取得公开募捐资格应当符合下列条件：（1）依法登记满一年。根据慈善法第二十九条第一款的规定，慈善组织自登记之日起可以开展定向募捐。如前所述，与慈善组织开展定向募捐相比，公开募捐涉及面广、对社会公众的影响更大，需要更加严格的规范。因此，慈善法明确慈善组织依法登记满一年后方可申请公开募捐资格。"依法登记满一年"是慈善组织获得公开募集资格的必要而非充分条件。民政部门根据慈善组织的申请以及其一年来内部治理、慈善活动开展、项目运作管理等情况，决定是否发给其公开募捐资格证书。（2）慈善组织内部治理结构健全。慈善法对慈善组织的内部治理结构作了明确要求。例如，慈善法第十一条规定，慈善组织的章程应当载明慈善组织决策、执行机构的组成及职责；第十二条规定，慈善组织应当根据法律法规以及章程的规定，建立健全内部治理结构，明确决策、执行、监督等方面的职责权限。慈善组织应当执行国家统一的会计制度，依法进行会计核算，建立健全会计监督制度,并接受政府有关部门的监督管理。因此,慈善组织内部治理结构健全,主要是指慈善组织分别设置了符合慈善法规定的内部机构,各机构之间职责分工明确,决策、执行、监督等方面的职责都有相应的机构来承担。(3)慈善组织运作规范。运作规范是保障慈善组织健康发展的基本要求。所谓"运作规范"主要是指慈善组织在运作过程中,应严格遵守慈善法规定的各项义务,没有出现违反有关法律法规的行为。

23 慈善组织以外的其他非营利性组织可以开展公开募捐吗？

答：除慈善法规定的取得公开募捐资格的慈善组织可以公开募捐外，其他法律、行政法规中也对一些特定的非营利性组织开展公开募捐作出了规定。因此，慈善法第二十二条第二款规定，其他法律、行政法规规定可以公开募捐的非营利性组织，由县级以上人民政府民政部门直接发给公开募捐资格证书。例如，按照《中华人民共和国红十字会法》的规定，红十字会可以依法进行募捐活动。红十字会开展公开募捐，应当向同级民政部门申领公开募捐资格证书，民政部门直接向红十字会发放公开募捐资格证书。因此，红十字会就可以按照上述规定，由县级以上人民政府民政部门直接发给公开募捐资格证书。再如，根据《基金会管理条例》登记设立的公募基金会，可以依照有关规定向办理其登记的民政部门申领公开募捐资格证书。

24 | 公开募捐的方式有哪些？

答：公开募捐是慈善组织取得慈善财产的重要途径。公开募捐可以采取的具体方式多种多样，慈善法明确规定了开展公开募捐的方式，为慈善组织依法开展慈善募捐活动提供了指引。

（1）在公共场所设置募捐箱。在公共场所设置募捐箱是一种传统的募捐方式。它是指慈善组织在商场、机场、车站等公共场所设置募捐箱，社会公众直接将现金投入募捐箱，由慈善组织收集、汇总善款后用于慈善目的。在公共场所设置的募捐箱可以固定位置，也应当允许其流动，关键是要明确"谁设置、谁管理、谁负责"，并且不得妨碍公共秩序、企业生产经营及城乡居民生活。

（2）举办面向社会公众的义演、义赛、义卖、义展、义拍、慈善晚会等。义演、义赛、义卖、义展、义拍，是指将演出、比赛、销售、展览、拍卖等获得的收入贡献给慈善事业，慈善晚会是指通过举办晚会的方式筹集善款用于慈善事业。这些方式在实践中一般由某些具有社会影响力的公众人物如著名人士、影视明星、体育明星、网络名人等发起或参与,通过动员活动参与者的慈善意识,实现慈善目的。需要说明的是,本项规定中的方式,尤其是义卖、义拍、慈善晚会等,既有可能为公开募捐所采取,也有可能为定向募捐所采取。二者的区别,关键在于参加活动的对象是否是特定的,如果对象特定,定向募捐也可以采取这些方式,但不得通过举办面向社会公众的义演、义赛、义卖、义展、义拍和慈善晚会来开展定向募捐。

(3)通过广播、电视、报刊、互联网等媒体发布募捐信息。通过广播、电视、报刊、互联网等媒体发布募捐信息,是目前实践中较为常用的公开募捐方式。互联网募捐具有方便、快捷、针对性强、公开透明程度高等一系列优点,同时也存在信息传播速度快、社会影响力大的特点,由此带来的对传统监管方式的挑战,需要加以必要的规范。

(4)其他公开募捐方式。这是一项兜底性条款,除上述列举的募捐方式外,慈善组织还可以采取其他方式开展公开募捐。例如,慈善组织登门劝募,如果面向社会公众即不特定的对象开展,也属于公开募捐;慈善组织还可以在街头、车站、码头、机场等公共场所向社会公众派发传单,劝导社会公众将款物转账至指定的账户或者送到特定的地点,同样也是一种公开募捐方式。

25 | 公开募捐方案应当包括哪些内容？

答：实践中慈善组织在开展公开募捐活动前，一般都需要作周密的计划和安排，制定详实的募捐方案。募捐方案包括以下内容：

（1）募捐目的。募捐目的是指募捐活动所要达到的目标。例如，某一项募捐活动的目的是救助西部某一地区的失学儿童，或者救助患有白内障的老人。募捐目的应当明确、具体。

（2）募捐活动的起止时间和地域。即募捐活动开始和终止的时间以及地域范围，慈善组织应当根据募捐目的等情况合理确定募捐活动的起止时间。慈善法第七十九条对慈善组织应当根据公开募捐周期的长短定期向社会公开其募捐情况和慈善项目实施情况作了明确规定，募捐活动的起止时间与信息公开的要求密切相关。募捐活动的地域范围是指募捐活动在哪些地域开展。慈善法第二十三条规定，慈善组织采取在公共场所设置募捐箱，以及举办义演、义赛、慈善晚会等方式开展公开募捐的，应当在办理其登记的民政部门管辖区域内进行，确有必要在办理其登记的民政部门管辖区域外进行的，应当报其开展募捐活动所在地的县级以上人民政府民政部门备案。捐赠人的捐赠行为不受地域限制。

（3）募捐活动负责人姓名和办公地址。募捐活动负责人应当是开展公开募捐的慈善组织的工作人员，办公地址应当是慈善组织的住所。

（4）接受捐赠方式、银行账户。接受捐赠的方式一般根据捐赠款物的类别加以确定，捐赠人捐赠实物的，一般需要明确接收实物的地点或者场所；捐赠人捐赠款项的，需要明确接受款项的银行账户。银行账户应当是开展公开募捐的慈善组织的银行账户。

（5）募捐活动的受益人。慈善组织开展募捐活动，其最终是要将募得的款物转赠给受益人，从而实现慈善目的。募捐方案中确定的受益人应当是符合某些特定资助条件的受益人。

（6）募得款物用途。其主要是指慈善组织通过募捐活动所募得的款物具体用于哪些方面的慈善活动，或者用于资助哪些受益人。例如，募得款物的用途可以是助医或者助学，或者是救助困境儿童。

（7）募捐成本。募捐成本又称筹资费用，根据《民间非营利组织会计制度》的规定，筹资费用是指民间非营利组织为筹集业务活动所需资金而发生的费用，包括民间非营利组织为了获得捐赠资产而发生的费用以及应当计入当期费用的借款费用、汇兑损失（减汇兑收益）等。民间非营利组织为了获得捐赠资产而发生的费用包括举办募款活动费，准备、印刷和发放募款宣传资料费以及其他与募款或者争取捐赠资产有关的费用。慈善组织应当根据慈善法以及国务院有关部门制定的关于募捐成本标准的规定合理确定募捐成本。

（8）慈善项目实施后剩余财产的处理。慈善法第五十八条规定，慈善项目终止后捐赠财产有剩余的，按照募捐方案或者捐赠协议处理；募捐方案未规定或者捐赠协议未约定的，慈善组织应当将剩余财产用于目的相同或者相近的其他慈善项目，并向社会公开。

26 | 募捐方案备案有哪些要求？

答：慈善组织开展公开募捐活动前应当将募捐方案报办理其登记的民政部门备案。同时，慈善组织在开展公募慈善活动之前将募捐方案向社会公开是履行信息披露义务的一种方式。社会公众可以通过募捐方案了解到募捐活动的发起人的相关信息，募捐活动的目的、募款所用方向等重要信息。

募捐方案备案的负责部门是办理慈善组织登记的民政部门。慈善法第十三条规定，慈善组织应当每年向办理其登记的民政部门报送年度工作报告和财务会计报告。报告应当包括年度开展募捐和接受捐赠、慈善财产的管理使用、慈善项目实施、募捐成本、慈善组织工作人员工资福利以及与境外组织或者个人开展合作等情况。慈善组织登记的民政部门可以将备案的募捐方案，与年度工作报告中年度开展募捐和接受捐赠情况相互参考，共同作为监管慈善组织开展募捐活动的依据。

27 开展公开募捐应当在现场或者载体中公开哪些信息？

答：慈善组织应在公开募捐活动过程中持续履行信息披露义务。公开的内容包括：（1）募捐组织名称。即开展公开募捐的慈善组织名称。（2）公开募捐资格证书。慈善法第二十二条第一款规定，慈善组织开展公开募捐，应当取得公开募捐资格。公开募捐资格证书即开展公开募捐的慈善组织取得的证书。公布的公开募捐资格证书可以是原件，也可以是扫描件或者复印件。开展公开募捐活动的慈善组织公布公开募捐资格证书的目的是让社会公众尤其是捐赠者知晓该慈善组织是具有公开募捐资格，能够开展公开募捐活动的。（3）募捐方案。慈善法第二十四条对募捐方案作了规定，内容包括募捐目的、起止时间和地域、活动负责人姓名和办公地址、接受捐赠方式、银行账户、受益人、募得款物用途、募捐成本、剩余财产的处理等。与不具有公开募捐资格的组织或者个人合作开展公开募捐的，在募捐方案中应当载明合作方的相关信息。（4）联系方式。即慈善组织的联系方式，公布其联系方式的目的，在于便于捐赠人有需要或者有疑问时及时与慈善组织取得联系。(5) 募捐信息查询方法。即捐赠人或者其他社会公众可以通过何种方法查询募捐信息。这里的募捐信息包括募捐活动的进展情况以及募得款物的情况等。

28 合作公开募捐应当遵守哪些要求？

答：（一）合作公开募捐的目的。不具有公开募捐资格的组织或者个人基于慈善目的，可以与具有公开募捐资格的慈善组织合作。不具有公开募捐资格的组织或者个人与具有公开募捐资格的慈善组织合作开展公开募捐的前提是，必须基于慈善目的，即开展慈善活动的目的是"利他"而不是"利己"。合作募捐必须是为了社会公共利益，不能是为自己或者家人等特定人的利益。

（二）合作开展公开募捐的募捐主体。慈善法明确规定，除法律、行政法规另外规定外，只有获得公开募捐资格的慈善组织才可以开展公开募捐。因此，不具有公开募捐资格的组织或者个人与具有公开募捐资格的慈善组织合作，只能由具有公开募捐资格的慈善组织开展公开募捐活动，合作方参与开展的公开募捐活动也都应当以具有公开募捐资格的慈善组织的名义进行。同时，与不具有公开募捐资格的组织或者个人合作开展公开募捐的慈善组织，在公开募捐的方案备案、信息公开等方面同样应当遵守慈善法的有关规定。

（三）具有公开募捐资格的慈善组织的评估和监督义务。慈善法明确规定合作方不得以任何形式自行开展公开募捐，并要求具有公开募捐资格的慈善组织对合作方进行评估、依法签订书面协议，在募捐方案中载明合作方的相关信息，并对合作方的相关行为进行指导和监督。具有公开募捐资格的慈善组织应当切实履行相应义务，确保以其名义开展的合作公开募捐符合相关规定，并承担相应的法律责任。此外，慈善法规定具有公开募捐资格的慈善组织负责对合作募得的款物进行管理和会计核算，将全部收支纳入其账户。

29 慈善组织应当通过哪些途径开展互联网公开募捐?

答：考虑目前多数慈善组织均建有网站，慈善法规定，慈善组织通过互联网开展公开募捐的，应当在国务院民政部门指定的互联网公开募捐服务平台进行，并可以同时在其网站进行。如果慈善组织没有自建网站，通过指定平台同样能够开展公开募捐活动。同时，也是为了规范网络募捐平台，为慈善募捐和社会捐赠提供合法渠道，更好地维护网络募捐秩序，方便公众查询和社会监督。

30 互联网公开募捐服务平台应当提供哪些服务？可以收费吗？

答：慈善法规定，国务院民政部门指定的互联网公开募捐服务平台，提供公开募捐信息展示、捐赠支付、捐赠财产使用情况查询等服务；无正当理由不得拒绝为具有公开募捐资格的慈善组织提供服务，不得向其收费，不得在公开募捐信息页面插入商业广告和商业活动链接。

根据以上规定，一方面，要求平台提供公开募捐信息展示、捐赠支付、捐赠财产使用情况查询等服务，这些要求赋予指定平台新的功能，即在提供公开募捐信息展示的基础上，有效连接社会公众和慈善组织的意愿和需求，保障捐赠资金顺利支付，跟踪钱款使用动向，推动信息公开。另一方面，对平台提出了禁止性要求，即无正当理由不得拒绝为具有公开募捐资格的慈善组织提供服务，不得向其收费，不得在公开募捐信息页面插入商业广告和商业活动链接。指定平台必须维护公开募捐的平等性，向每一个具有公开募捐资格的慈善组织免费提供同样标准的服务，服务的标准和流程要公开透明。指定平台必须维护公开募捐的合法性，如果慈善组织存在伪造公开募捐资格、没有在登记的民政部门进行公开募捐方案备案等不符合公开募捐要求的情形，指定平台应当拒绝为其提供服务。根据规定，无正当理由不得拒绝提供相关服务，但是如有正当理由可以拒绝。这里的"正当理由"就可以是前述情形。指定平台必须维护公开募捐的公益性，防止任何组织和个人借公开募捐开展营利性活动、进行商业推广谋取私利，侵害捐赠人、受益人权益。

31 广播、电视、报刊以及网络服务提供者、电信运营商的验证义务是什么？

答：慈善法规定，广播、电视、报刊以及网络服务提供者、电信运营商，应当对利用其平台开展公开募捐的慈善组织的登记证书、公开募捐资格证书进行验证。（1）验证主体。在发布信息前，广播电台、电视台、报刊等对其信息进行验证，是为了保证所播放、刊发内容的真实性，维护社会公众的利益。由于互联网具有信息量大、传播范围广、不受地域限制、传播极为快速等特点，一些非慈善组织或不具有公开募捐资格的慈善组织也利用互联网发布募捐信息，客观上存在着虚实难辨的问题，且逐一甄别的难度极大，政府难以做到全面监管。对此，有必要赋予网络服务提供者、电信运营商验证的义务，防止不符合法律规定条件的募捐组织骗捐。（2）验证对象。验证的对象是利用其平台开展公开募捐的慈善组织的登记证书、公开募捐资格证书。关于登记证书，民政部门准予登记或认定为慈善组织后，将颁发慈善组织登记证书。关于公开募捐资格证书,根据慈善法第二十二条的规定,依法登记满一年的慈善组织,可以向办理其登记的民政部门申请公开募捐资格。

32 慈善组织开展定向募捐有什么要求？

答：一是，慈善组织开展定向募捐应当在发起人、理事会成员和会员等特定对象的范围内进行。慈善组织的"发起人"也称慈善组织的创办人，是指依照有关法律规定订立发起人协议，提出设立慈善组织申请，并对慈善组织的设立承担责任的人。"理事会成员"是指慈善组织理事会的组成成员，既包括个人成员，也包括单位成员。"会员"是指慈善组织的组成成员，如某一个经认定为慈善组织的协会的会员。除上述列举的对象范围外，定向募捐的范围还可能包括其他对象，如与慈善组织有特定利害关系的单位或者个人、慈善组织的个人发起人所在的单位、与慈善组织经常发生交易关系的单位等。

二是，慈善组织开展定向募捐应当向募捐对象说明募捐目的。所谓"募捐目的"是指慈善组织开展该定向募捐活动所要达到的目标，如为了促进教育事业发展，或者救助弱势群体等。募捐目的既要符合慈善法第三条中规定的慈善活动的范围，也要符合慈善组织章程规定的宗旨和业务范围。

三是，慈善组织开展定向募捐应当向募捐对象说明募得款物用途。所谓"募得款物用途"是指慈善组织通过定向募捐获得的款物将具体用于哪些方面的活动。如为了救助某一地区的失学儿童，为他们提供基本的生活费用，促使其重返校园；或者为某一地区患有白内障的老年人提供治疗费用。"募得款物用途"与"募捐目的"二者既有联系又有区别。一般来说，募捐目的相对较为宏观、宽泛；募得款物用途更为具体，指向性更加明确。

此外，慈善组织在开展定向募捐的过程中，还应当尽可能多地向募捐对象说明有关情况，例如，可以向募捐对象详细说明募得款物的管理情况，以及慈善组织如何采取有效措施确保募得款物的使用公平公正、公开透明，捐赠人可以通过哪些途径对慈善组织的慈善项目实施情况进行监督。

33 开展定向募捐不能采取哪些方式？

答：慈善法第三十条对慈善组织开展定向募捐的方式作了禁止性规定。根据该规定，开展定向募捐，不得采取或者变相采取慈善法第二十三条规定的方式。慈善法第二十三条对慈善组织开展公开募捐可以采取的方式作了规定。其中列举的方式包括在公共场所设置募捐箱，面向社会公众举办义演、义赛、义卖、义展、义拍、慈善晚会，以及通过广播、电视、报刊、互联网等媒体发布募捐信息等。从这些方式来看，由于其面向的是不特定的社会公众，一旦采用了这些方式，即构成了公开募捐行为。因此，慈善组织开展定向募捐不得采取这些方式。

实践中，由于定向募捐针对特定的对象，开展定向募捐可以采用的方式多种多样，例如，慈善组织可以采取登门拜访的方式，针对特定对象进行劝募；也可以向特定的对象发送电子邮件，介绍拟开展的慈善项目的有关情况，说服特定对象实施捐赠。需要说明的是，公开募捐与定向募捐二者并不能简单地以募捐方式来划分。慈善法第二十三条规定的募捐方式，其所针对的募捐对象必然是不特定的，采取这些方式开展的募捐必然是公开募捐，因此这些方式不得为定向募捐所用。在实践中，有些募捐方式如义展、义拍、慈善晚会等，如果是面向特定对象，且募捐对象和知悉范围可控，同样可以为定向募捐所采取，只有面向不特定的社会公众举办的义展、义拍、慈善晚会等，才属于公开募捐的方式。

34 怎么保护募捐对象的权利？

答：一方面，应当尊重和维护募捐对象的合法权益，保障募捐对象的知情权。这里的"合法权益"，包括但不限于捐赠人对其个人财产的所有权、对募捐相关信息的知情权、个人隐私权、捐赠款物用途去向的知情权和尊重捐赠人的意愿等。其中，保障募捐对象的知情权，就是要让募捐对象了解、知道募捐活动的有关情况，如募捐活动的受益人、募得款物的用途等，便于其基于自身情况自主决定是否捐赠以及捐赠款物的类型、数额等。

另一方面，不得通过虚构事实等方式欺骗、诱导募捐对象实施捐赠。实践中，有的慈善组织片面追求募捐款物的数量，甚至不惜采取虚构事实等方式欺骗、诱导募捐对象捐赠。如果募捐对象基于虚构的事实而决定捐赠，该捐赠则并非出于其真实意愿，募捐对象的善心被违法利用。慈善法特别规定，不得通过虚构事实等方式欺骗、诱导募捐对象实施捐赠。如果慈善组织采取了虚构事实等方式欺骗、诱导募捐对象，即使募捐对象决定捐赠，但因其捐赠的决定是基于对事实的错误认知，慈善组织也应当返还捐赠人所捐赠的款物。

35 能否向募捐对象摊派捐赠任务？

答：慈善组织开展募捐活动，不得向募捐对象摊派捐赠任务。慈善事业是具有广泛群众性的道德实践，发展动力来自公众的自愿奉献和自觉参与，应当通过传承和弘扬中华优秀传统文化、弘扬和践行社会主义核心价值观、积极营造向上向善的社会氛围、广泛倡导慈善道德实践来引导、支持有意愿、有能力的企业、社会组织和个人积极捐赠，参与慈善事业。

慈善组织开展募捐活动，可以通过广泛宣传宗旨理念扩大影响、精心设计慈善项目精准解决问题；加强信息公开提高社会公信力；面向捐赠人提供贴心服务等方式进行。如果借助或者动用行政命令等方式开展摊派或者变相摊派，既违背了公开募捐的本意，违反了自愿原则，又侵害了社会公众权益，抑制了捐赠热情。要让募捐真正发挥作用，就要回归到募捐的本质上来，只有"规范募"才能"促进捐"。除慈善法第三十二条外，《中华人民共和国公益事业捐赠法》也规定，捐赠应当是自愿和无偿的，禁止强行摊派或者变相摊派，不得以捐赠为名从事营利活动。

36 什么是慈善捐赠？

答：一方面，慈善捐赠是基于慈善目的实施的赠与行为。一般而言，为了人道主义救助，为了帮助那些在经济或者生活上陷入困境、凭自己的能力难以脱困、急需社会提供帮助的个人，或者为了促进社会发展和进步的社会公共和福利事业都属于基于慈善目的。慈善法对慈善目的未作出界定，但根据慈善法第三条的规定，下列公益活动都属于符合慈善目的的活动：（1）扶贫、济困；（2）扶老、救孤、恤病、助残、优抚；（3）救助自然灾害、事故灾难和公共卫生事件等突发事件造成的损害；（4）促进教育、科学、文化、卫生、体育等事业的发展；（5）防治污染和其他公害，保护和改善生态环境；（6）符合慈善法规定的其他公益活动。基于开展上述活动的需要所实施的赠与属于基于慈善目的的慈善捐赠。

另一方面，慈善捐赠是自愿、无偿的捐赠行为。自愿和无偿是慈善捐赠本身所具有的属性。不具有自愿性和无偿性的，也就不能称其为慈善捐赠。（一）慈善捐赠应当是自愿的。慈善捐赠应当是捐赠人自主、自愿的行为，捐赠人有权根据自身情况决定是否进行慈善捐赠、捐赠什么、捐赠多少、捐赠方式、捐赠期限、向哪个慈善组织或者受益人进行慈善捐赠等。另外，慈善捐赠是捐赠人和受赠人双方的自愿行为，既不能强行摊派，也不能强迫受赠，捐赠程序应当体现慈善捐赠人和受赠人双方的意愿。（二）慈善捐赠应当是无偿的。从民事行为上看，慈善捐赠也是一种赠与行为。因此，慈善捐赠必然是无偿的，也就是说，捐赠人将自己的财产给付受赠人，受赠人取得捐赠财产，无须向捐赠人支付相应的代价。实际中，有的企业对一些社会团体或活动进行赞助，如世界许多知名企业都对奥运会予以赞助，这种赞助实际上是一种商业推广行为。商业赞助并不是无偿的，不属于慈善捐赠的范围。另外，实践中，有些企业单位在进行慈善捐赠的过程中，可能存在收受受赠人回扣的现象。这也违背了慈善捐赠的无偿性，是法律所不允许的。

37 | 能否直接向受益人进行慈善捐赠？

答：慈善捐赠必须充分尊重捐赠人的意愿，符合捐赠自愿原则。捐赠人可以根据自身的情况和慈善组织的情况，选择他认为最能实现其慈善目的的慈善组织或者受益人进行捐赠。因此，在捐赠途径上，捐赠人可以通过慈善组织实施捐赠，也可直接向受益人实施捐赠。

受益人主要是指在经济或者生活上陷入困境、凭自己的能力难以脱困或者遇到自然灾害、事故灾难、公共卫生事件等突发事件造成损害、急需获得社会帮助的人，以及依法成立的公益性社会团体和公益性非营利的事业单位。慈善法规定捐赠人可以直接向受益人进行慈善捐赠。但需注意的是，捐赠人进行的公益性捐赠，必须通过获得税前扣除资格的公益性群团组织或公益性社会组织进行捐赠才可以税前扣除，通过其他方式的捐赠在所得税申报时不能税前扣除。因此，捐赠人选择直接向受益人进行慈善捐赠的，可能无法享受税收优惠。

此外，慈善法施行后，未向民政部门申请慈善组织认定的原公益性非营利组织，以及公益性非营利的教育、科学、文化、卫生、体育、福利等事业单位，仍可依据《中华人民共和国公益事业捐赠法》的有关规定接受捐赠人的捐赠，作为慈善捐赠的受益人，将受赠财产用于社会公共和社会福利事业，这也是符合慈善法第三条规定的立法精神的。在这种情况下，上述公益性非营利组织和事业单位也是慈善捐赠的受益人。如捐赠人可以选择直接向某一公立学校捐建一批教学设施，该学校则为慈善捐赠的受益人。

38 捐赠的财产应当满足哪些特别要求？

答：一是，捐赠的财产必须是捐赠人有处分权的合法财产。一方面，自然人、法人和非法人组织用于慈善捐赠的财产必须是自己的合法财产。捐赠人在实施慈善捐赠时，应当遵守宪法、法律等的规定，捐赠财产必须具有合法性，即财产的来源、取得和占有必须符合宪法和法律的有关规定。盗窃、抢劫或者以其他非法手段获得的财产，不属于合法财产，不能作为捐赠财产。另一方面，捐赠人对其捐赠的财产必须依法享有处分权。所谓处分权，是指所有人对财产享有依法进行处置的权利。对财产行使处分权主要有两种方式，即对财产的消费和转让。慈善捐赠是对财产的无偿转让。因此捐赠的财产必须是捐赠人有权处分的财产。反过来说，对财产拥有所有权的人，当然可以根据自己的意愿对财产实施捐赠。

二是，捐赠的实物应当符合一定的规范要求。一方面，捐赠人捐赠的实物应当具有使用价值。实物的使用价值是指其具有能够满足人们某种需要的属性，如粮食能充饥，衣服能御寒，汽车能运输等。如果捐赠人捐赠的实物没有使用价值，慈善捐赠行为本身就失去了存在的基础。另一方面，捐赠人捐赠的实物应当符合安全、卫生、环保等标准。捐赠人捐赠的实物，最终会用以满足人们生产和生活的需要，应当符合国家有关产品质量的法律法规规定和强制性技术标准。此外，捐赠人捐赠的实物还必须是对社会生活和人体健康无害的，烟草、毒品等不能作为慈善捐赠财产。

三是，捐赠人捐赠本企业产品的，应当依法承担产品质量责任和义务。捐赠人作为生产者，如果因其捐赠的本企业产品存在质量问题，给受益人或者其他消费者造成损失，应当依法承担赔偿责任。若因产品存在缺陷造成受益人或者消费者人身、缺陷产品以外的其他财产损害的，捐赠人还要依据《中华人民共和国民法典》侵权责任编的规定，承担产品责任，并予以赔偿。

39 捐赠人可以捐赠哪些财产？

答：根据慈善法第三十六条的规定，捐赠财产包括货币、实物、房屋、有价证券、股权、知识产权等有形和无形财产。

（一）货币。货币是传统的捐赠财产的形式，包括纸币、硬币、储蓄存款等。货币的捐赠方式多种多样，包括传统的现场付款、邮政汇款、银行转账、提供金融票据，现代新兴的电子支付，如网上银行、手机银行、第三方支付平台等方式。

（二）实物和房屋等。实物捐赠是一种常见的捐赠形式。这里的实物是指现实存在的、具体的、可见的、有价值的物品，属于有形财产的形式。实践中，常见捐赠有汽车、药品、电器、电子产品、衣物等实物。近年来，也出现了捐赠房屋等不动产的形式，房屋捐赠涉及房屋所有权变更，需要依法办理不动产登记手续。另外，随着我国文化市场的发展，也开始出现以字画、古玩向慈善组织进行捐赠的现象。对于字画或者古玩捐赠，应当遵守有关法律法规特别是文物保护相关法律法规的规定，依法进行变卖或拍卖，将所得价款用于慈善事业。

（三）有价证券和股权。有价证券和股权是近年来新兴的捐赠财产的形式。有价证券，是指标有票面金额，用于证明持有人或该证券指定的特定主体对特定财产拥有所有权或债权的凭证。有价证券按其所表明的财产权利的不同性质，可分为三类：商品证券、货币证券及资本证券。

1. 商品证券。商品证券是证明持券人有商品所有权或使用权的凭证，取得这种证券就等于取得这种商品的所有权，持券者对这种证券所代表的商品所有权受法律保护。属于商品证券的有提货单、运货单、仓库栈单等。

2. 货币证券。货币证券是指本身能使持券人或第三者取得货币索取权的有价证券，货币证券主要包括两大类：一类是商业证券，主要包括商业汇票和商业本票；另一类是银行证券，主要包括银行汇票、银行本票和支票。

3. 资本证券。资本证券是指由金融投资或与金融投资有直接联系的活动产生的证券。持券人对发行人有一定的收入请求权，它包括股票、债券及其衍生品种如基金证券、可转换证券等。股票是资本证券最常见的形式。股权即股票持有者所具有的与其拥有的股票比例相应的权益及承担一定责任的权利。慈善股权捐赠，是指持有股权的自然人、法人或非法人组织将自己持有的股权，捐赠给慈善事业，通过股权变现或者分红用于慈善目的的行为。

（四）知识产权。知识产权是指人们就其智力劳动成果所依法享有的专有权利，通常是国家赋予创造者对其智力成果在一定时期内享有的专有权或独占权。知识产权主要包括著作权、专利权和商标权。它与房屋、汽车等有形财产一样,都受到国家法律的保护,都具有价值和使用价值。有些重大专利、驰名商标或作品的价值也远远高于房屋、汽车等有形财产。因此,以知识产权进行慈善捐赠也是慈善法所鼓励的。

40 通过开展经营性活动实施捐赠有哪些要求？

答：自然人、法人和非法人组织开展演出、比赛、销售、拍卖等经营性活动，承诺将全部或者部分所得用于慈善目的的，慈善法规定了三个方面的具体实施要求：

一是，自然人、法人和非法人组织应当在开展演出、比赛、销售、拍卖等经营性活动前，与相关慈善组织或者其他接受捐赠的人签订捐赠协议。捐赠协议中对捐赠款项的规定，应当与自然人、法人和非法人组织承诺捐赠的经营性活动所得一致。慈善组织应当是依照慈善法规定登记成立或者认定为慈善组织的社会团体、基金会、社会服务机构等非营利性组织。其他接受捐赠的人，可以是需要社会提供帮助的个人或者单位。

二是，演出、比赛、销售、拍卖等经营性活动结束后，自然人、法人和非法人组织应当按照捐赠协议履行捐赠义务，向受赠人捐出全部或者部分所得。这里的所得，要看自然人、法人和非法人组织公开承诺和捐赠协议规定的是商业销售所得还是利润所得。实践中，一般承诺捐赠销售所得的较多。

三是,自然人、法人和非法人组织应当将按照捐赠协议履行捐赠义务的情况向社会公开。公开的事项应当包括慈善目的、受赠人、此次经营活动的销售所得、承诺捐赠比例、实际捐赠比例等。

41 是否必须开具慈善捐赠票据？

答：根据慈善法规定，慈善组织接受捐赠后，应当向捐赠人开具由财政部门统一监（印）制的捐赠票据。捐赠票据是指慈善组织按照自愿、无偿原则，依法接受用于慈善事业的捐赠财物时，向提供捐赠的自然人、法人和非法人组织开具的凭证。

开具捐赠票据应符合以下要求：第一，合法性。是指开具由财政部门统一监（印）制的捐赠票据，不得开具本单位的收据，更不得打白条。第二，有效性。是指收据应具备慈善法规定的全部形式要件，并经签字盖章。第三，按照自愿和无偿原则依法接受捐赠的行为，应当开具公益事业捐赠票据，包括：（1）县级以上人民政府及其部门在发生自然灾害时或者应捐赠人要求接受的捐赠；（2）公益性事业单位接受用于公益事业的捐赠；（3）公益性社会组织接受用于公益事业的捐赠；（4）财政部门认定的其他可以使用公益事业捐赠票据的行为。此外，公益性单位以捐赠名义从事营利活动或与出资人利益相关的行为，以及集资、摊派、筹资、赞助等行为，不得使用公益事业捐赠票据。

实践中,一些捐赠人出于做好事不留名的思想或者其他各种原因匿名进行捐赠,也有一些捐赠人向慈善组织明确表示不要开具捐赠票据。此时,慈善组织可以不开具慈善捐赠票据,对此,慈善法特别规定,捐赠人匿名或者放弃接受捐赠票据的,慈善组织应当做好相关记录。接受捐赠的慈善组织应按照捐赠财产的性质、种类等登记造册并制作会计账簿。

42 | 慈善捐赠是否必须签订书面捐赠协议？

答：根据《中华人民共和国民法典》的规定，当事人订立合同，可以采用书面形式、口头形式或者其他形式。捐赠人基于慈善目的，自愿、无偿向慈善组织赠与财产，可以与慈善组织签订书面捐赠协议，也可以采用口头形式或者其他形式。但是，如果捐赠人要求签订书面捐赠协议的，慈善组织应当与捐赠人签订书面捐赠协议。

捐赠人一般情况下选择通过汇款、转账等方式直接向慈善组织进行捐赠，并不与慈善组织签订书面捐赠协议。但有时，捐赠人出于多方面考虑，会要求签订书面捐赠协议，此时，慈善组织应当尊重捐赠人的意愿，与其签订书面捐赠协议。慈善法规定的签订书面捐赠协议以捐赠人为核心，一旦捐赠人提出签订书面捐赠协议，慈善组织必须与其签订书面捐赠协议，这是慈善组织必须履行的一项义务。《中华人民共和国公益事业捐赠法》也规定，捐赠人可以与受赠人就捐赠财产的种类、质量、数量和用途等内容订立捐赠协议。签订书面捐赠协议，便于明确双方权利义务关系，减少产生纠纷的可能，有利于督促各方认真对待协议内容、严格按照协议内容履行义务。

书面捐赠协议包括捐赠人和慈善组织名称，捐赠财产的种类、数量、质量、用途、交付时间等内容。(1)捐赠财产的种类。慈善法规定捐赠人捐赠的财产应当是其有权处分的合法财产，包括货币、实物、房屋、有价证券、股权、知识产权等有形和无形财产。(2)捐赠财产的数量。捐赠人实际捐赠的财产应当符合捐赠协议约定的数量。(3)捐赠财产的质量。同种类的产品，质量千差万别，价值大相径庭，为避免出现误解，有必要在捐赠协议中明确约定财产质量。即使没有约定财产质量，捐赠人也应当确保产品符合相关法律法规要求的标准。慈善法也明确规定捐赠的实物应当具有使用价值，符合安全、卫生、环保等标准。捐赠人捐赠本企业产品的，应当依法承担产品质量责任和义务。(4)捐赠财产的用途，包括财产的受益人、使用方式或使用目的等方面的内容。如果捐赠人在协议中对此有明确要求，慈善组织应当严格按照捐赠协议的约定使用。(5)捐赠财产的交付时间。捐赠财产，特别是针对特定事项，如地震等自然灾害的捐赠财产，需要尽快交付相关财产，否则不利于捐赠目的的实现。除了上述内容，当事人还可以依法在捐赠协议里约定其他相关内容。

43 指定慈善捐赠受益人有什么要求？

答：捐赠人与慈善组织可以约定捐赠财产的用途和受益人，但是不得指定或者变相指定捐赠人的利害关系人作为受益人。

一方面，捐赠人可以通过签订书面捐赠协议或者口头协议与慈善组织约定捐赠财产的具体用途，也可以约定捐赠财产的受益人。

另一方面，不得指定或者变相指定捐赠人的利害关系人作为受益人，即不得与慈善组织约定或者通过其他方式变相约定将捐赠财产用于捐赠人的利害关系人。利害关系人的范围，需要根据捐赠人和受益人的具体关系确定。本次修改在"指定"后增加"或者变相指定"，目的是强调捐赠人与慈善组织约定捐赠财产的用途和受益人时，除了明确指定外，也不得通过采用其他变通方式达到指定利害关系人作为受益人的效果。例如，企业向慈善组织捐赠，指定其控股股东控制的另一个企业作为受益人，相当于变相的关联交易和利益输送。慈善法和相关税法规定了慈善捐赠的税收优惠制度，如果将向利害关系人的捐赠认定为慈善捐赠，可能导致捐赠人不当享受税收优惠，不但于慈善活动无益，还会给国家税收带来损失。

44 | 利用慈善捐赠开展宣传,应当遵守哪些规定?

答:慈善募捐可以通过举办义演、义赛、义卖、义展、义拍、慈善晚会,或者通过广播、电视、报刊、互联网等媒体发布募捐信息等方式进行。这些活动间接对捐赠者作了宣传。另外,在一些慈善活动中,捐赠者通过其他一些方式,如冠名等形式进行宣传,有利于树立良好的社会形象。《中华人民共和国公益事业捐赠法》也规定,捐赠人对于捐赠的公益事业工程项目可以留名纪念;捐赠人单独捐赠的工程项目或者主要由捐赠人出资兴建的工程项目,可以由捐赠人提出工程项目的名称,报县级以上人民政府批准。

但是,利用慈善捐赠开展宣传,需要避免以下禁止性事项:一是不得利用慈善捐赠违反法律规定宣传烟草制品。这里的违反法律规定,主要指的是违反《中华人民共和国广告法》的规定。例如,《中华人民共和国广告法》规定,禁止在大众传播媒介或者公共场所、公共交通工具、户外发布烟草广告。禁止向未成年人发送任何形式的烟草广告。禁止利用其他商品或者服务的广告、公益广告，宣传烟草制品名称、商标、包装、装潢以及类似内容。烟草制品生产者或者销售者发布的迁址、更名、招聘等启事中，不得含有烟草制品名称、商标、包装、装潢以及类似内容。在慈善活动中也不能变相公开宣传烟草制品。例如，在通过电视公开募捐的过程中，公开宣传烟草制品，就相当于变相规避《中华人民共和国广告法》的规定，这是不允许的。

二是不得利用慈善捐赠以任何方式宣传法律禁止宣传的产品和事项。例如，《中华人民共和国广告法》规定，麻醉药品、精神药品、医疗用毒性药品、放射性药品等特殊药品，药品类易制毒化学品，以及戒毒治疗的药品、医疗器械和治疗方法，不得作广告。再如，《宗教事务条例》规定，任何组织或者个人不得利用公益慈善活动传教。因此，宗教团体和个人在进行慈善捐赠时不得传教。

45 在哪些情形下，捐赠人必须履行交付捐赠财产义务？

答：根据《中华人民共和国民法典》的规定，一般的赠与合同，赠与人在赠与财产的权利转移之前可以撤销赠与，赠与人逾期未交付捐赠财产的，并不能强制要求其交付财产；但是，经过公证的赠与合同或者依法不得撤销的具有救灾、扶贫、助残等公益、道德义务性质的赠与合同，赠与人不得任意撤销，赠与人不交付赠与财产的，受赠人可以请求交付。上述规定中的"依法不得撤销"的赠与合同就包括了慈善法规定的两种情形：

一是，捐赠人通过广播、电视、报刊、互联网等媒体公开承诺捐赠的。捐赠人通过相关媒体公开承诺捐赠，具有较大的社会影响力，也是对自身形象的正面宣传。如果捐赠人出尔反尔随便撤销承诺，既是对社会公众的欺骗，也会造成较大的负面影响，不利于社会诚信观念的树立和诚信文化的形成，影响社会慈善活动正常进行以及慈善文化的健康发展。

二是，捐赠财产用于扶贫、济困，扶老、救孤、恤病、助残、优抚，救助自然灾害、事故灾难和公共卫生事件等突发事件造成的损害，并签订书面捐赠协议的。之所以作这些规定，是因为扶贫、济困、扶老、救孤、恤病、助残、优抚，救助自然灾害、事故灾难和公共卫生事件等突发事件，具有基础性和紧迫性的特点，如果签订了书面捐赠协议，就应当认真履行，这体现了以人为本的人道主义精神。

  捐赠人违反捐赠协议逾期未交付捐赠财产，且属于上述两种情形的，一是慈善组织和其他接受捐赠的人可以要求捐赠人交付；二是捐赠人拒不交付的，慈善组织和其他接受捐赠的人可以依法向人民法院申请支付令或者提起诉讼。

46 在哪些情形下，捐赠人可以不履行捐赠义务？

答：慈善法规定，捐赠人公开承诺捐赠或者签订书面捐赠协议后经济状况显著恶化，严重影响其生产经营或者家庭生活的，经向公开承诺捐赠地或者书面捐赠协议签订地的县级以上人民政府民政部门报告并向社会公开说明情况后，可以不再履行捐赠义务。

在捐赠人公开承诺捐赠或者签订书面捐赠协议后经济状况显著恶化，已经严重影响其生产经营或者家庭生活的情况下，如果再强制要求其履行对外捐赠义务，有违慈善的人道主义精神。例如，企业通过互联网公开承诺捐赠，在实施捐赠前，因经济危机陷入经营困境以致资不抵债进入破产程序，此时如果再要求其履行原来的捐赠义务，就背离了慈善活动的初衷。再如，自然人公开承诺捐赠后陷入生活困难，自身都需要接受社会救助，要求其履行捐赠义务，既不可能实现，又有违人道主义精神。《中华人民共和国民法典》也有规定，赠与人的经济状况显著恶化，严重影响其生产经营或者家庭生活的，可以不再履行赠与义务。

　　值得注意的是，由于实践中出现过一些企业和个人随意撤销公开承诺捐赠的情况，对社会造成了不良影响。为了规范随意撤销承诺的行为，慈善法规定撤销捐赠需要履行一定程序。捐赠者需要向公开承诺捐赠地或者书面捐赠协议签订地的县级以上人民政府的民政部门报告，并向社会公开说明情况，接受政府监管部门和社会的监督，避免随意撤销和虚构事实的情况发生。

47 捐赠人如何了解捐赠财产的使用情况?

答:捐赠人将财物自愿、无偿赠与慈善组织后,捐赠的财物由慈善组织管理、使用,但捐赠人享有对捐赠财产管理使用情况的知情权。

捐赠人行使知情权的方式主要包括查询、复制相关捐赠财产管理使用的有关资料。这是慈善法赋予捐赠人的权利。慈善组织应当为捐赠人行使知情权创造条件,需要反馈相关情况的,应当及时主动地向捐赠人反馈有关情况。这是慈善法对慈善组织规定的一项义务。《中华人民共和国民法典》也有类似规定,捐助人有权向捐助法人查询捐助财产的使用、管理情况,并提出意见和建议,捐助法人应当及时、如实答复。《中华人民共和国公益事业捐赠法》也规定,捐赠人有权向受赠人查询捐赠财产的使用、管理情况,并提出意见和建议。对于捐赠人的查询,受赠人应当如实答复。

48 捐赠人如何监督慈善组织使用捐赠财产？

答：慈善法规定，慈善组织开展慈善活动，应当依照法律法规和章程的规定，按照募捐方案或者捐赠协议使用捐赠财产。慈善组织确需变更募捐方案规定的捐赠财产用途的，应当报原备案的民政部门备案；确需变更捐赠协议约定的捐赠财产用途的，应当征得捐赠人同意。《中华人民共和国公益事业捐赠法》也有类似规定，如果未履行法定程序即变更捐赠财产的用途，则构成滥用捐赠财产。例如，捐赠协议约定捐赠财产应当用于教育，但慈善组织将该财产用于环境保护。再如，捐赠协议约定了捐赠财产应当在一定期限内使用完毕，而慈善组织超出使用期限、长期搁置对该资金的使用。

捐赠人如果发现慈善组织违反捐赠协议约定的用途，滥用捐赠财产，可以要求慈善组织承担违约责任。《中华人民共和国民法典》第六百六十三条中规定，受赠人不履行赠与合同约定的义务的，赠与人可以撤销赠与。但是，考虑到慈善捐赠行为的特殊性，慈善法对慈善组织违反捐赠协议约定的用途、滥用捐赠财产的处理方式作了特别规定。慈善组织违反捐赠协议约定的用途，滥用捐赠财产的，一是捐赠人有权要求慈善组织加以改正。二是慈善组织拒不改正的，捐赠人可以向县级以上人民政府民政部门投诉、举报或者向人民法院提起诉讼。县级以上人民政府民政部门可以对慈善组织进行警告，责令其限期改正；逾期不改正的，责令限期停止活动并进行整改。人民法院可以根据捐赠人的请求，依法判决慈善组织承担相应的法律责任。

49 国有企业实施慈善捐赠有哪些特殊要求？

答：国有企业实施慈善捐赠应当遵守有关国有资产管理的规定，履行批准和备案程序。以中央企业为例，根据《关于加强中央企业对外捐赠管理有关事项的通知》的要求，集团总部应当制订和完善对外捐赠管理制度，对集团所属各级子企业对外捐赠行为实行统一管理，明确对外捐赠事项的管理部门，落实管理责任，规范内部审批程序，细化对外捐赠审核流程；要根据自身经营实力和承受能力，明确规定对外捐赠支出范围，合理确定集团总部及各级子企业对外捐赠支出限额和权限；应将日常对外捐赠支出纳入预算管理体系，细化捐赠项目和规模，严格控制预算外捐赠支出，确保对外捐赠行为规范操作。一是严格捐赠审批程序。企业每年安排的对外捐赠预算支出应当经过企业董事会或类似决策机构批准同意。对外捐赠应当由集团总部统一管理。对于内部制度规定限额内并纳入预算范围的对外捐赠事项，企业捐赠管理部门应当在支出发生时逐笔审核，并严格履行内部审批程序；对于因重大自然灾害等紧急情况需要超出预算规定范围的对外捐赠事项，企业应当提交董事会或类似决策机构专题审议，并履行相应预算追加审批程序。二是建立备案管理制度。国资委对中央企业对外捐赠事项实行备案管理制度。中央企业对外捐赠管理制度、中央企业对外捐赠预算专项报告应报送国资委。中央企业捐赠行为实际发生时捐赠项目超过标准的，应当报国资委备案同意后实施。对于突发性重大自然灾害或者其他特殊事项超出预算范围需要紧急安排对外捐赠支出，不论金额大小，中央企业在履行内部决策程序之后，应及时逐笔向国资委备案。

50 什么是慈善信托？

答：慈善信托是指委托人基于对受托人的信任，将其财产权委托给受托人，由受托人按委托人的意愿，以自己的名义为慈善目的，进行管理或者处分的行为。相较一般信托以及慈善捐赠，慈善信托具有以下特点：

一是，慈善信托应当基于慈善目的，开展慈善活动。慈善信托与一般信托的主要区别在于，委托人设立慈善信托须是基于慈善目的，受托人须利用信托财产开展慈善活动。慈善信托的慈善目的与慈善捐赠相同，慈善信托财产应当用于开展慈善法第三条规定的慈善活动范围。需要说明的是，慈善活动可以由慈善信托的受托人开展，也可以由慈善信托的受托人委托给其他慈善组织开展。

二是，受托人按照委托人意愿以受托人名义管理和处分慈善信托财产。慈善信托的委托人将其所有的合法财产设立慈善信托，慈善信托财产就与其所有的其他财产隔离，委托人不再享有对慈善信托财产进行管理和处分的权利。但与慈善捐赠不同，慈善信托的委托人可以通过在信托文件中约定等多种方式，要求慈善信托的受托人按照其意愿管理和处分慈善信托财产，包括且不限于进行何种类型的资金管理、每年用于慈善活动的数额、用于哪种类型或者哪个慈善项目、受益人的范围等。

在慈善信托的委托人与受托人之间，受托人是按照委托人的意愿管理和处分慈善信托财产。但是慈善信托设立后，慈善信托财产已转移至慈善信托的受托人名下，因此，对于慈善信托委托人和受托人以外的其他人，利用慈善信托财产进行投资理财、开展慈善活动等，都是以受托人的名义进行，而不是以委托人的名义进行。慈善信托的受托人既要按照委托人的意愿管理和处分慈善信托财产，也承担对外以其名义管理和处分慈善信托财产的相应法律责任。

51 | 慈善信托文件可以采取非书面形式吗？

答：设立慈善信托、确定受托人和监察人，应当采取书面形式。

信托涉及多方主体对财产权利的管理、使用和处分等，法律关系比较复杂，因此，《中华人民共和国信托法》规定，设立信托应当采取书面形式。采取书面形式，有利于明确各方权利义务关系，确保信托更规范地运行，尽可能避免产生纠纷。慈善信托属于信托的一种，设立慈善信托同样需要采取书面形式，同时，考虑到慈善信托涉及社会公共利益，因此，慈善法进一步明确规定，设立慈善信托、确定受托人和监察人应当采取书面形式。书面文件应当载明下列事项：信托目的；委托人、受托人的姓名或者名称、住所；受益人或者受益人范围；信托财产的范围、种类及状况；受益人取得信托利益的形式、方法。也可以载明信托期限、信托财产的管理方法、受托人的报酬、新受托人的选任方式、信托终止事由等事项，以及委托人和受托人约定的其他事项。

对于"书面形式"具体包括哪些形式，根据《中华人民共和国信托法》第八条的规定，书面形式包括信托合同、遗嘱或者法律、行政法规规定的其他书面文件等。所谓法律、行政法规规定的其他书面文件等，是指协议书、信件和数据电文（包括电传、传真、电子邮件）等可以有形表现所载内容的形式。慈善法没有进一步明确列举"书面形式"的具体种类，根据慈善法第五十一条的规定，适用《中华人民共和国信托法》关于书面形式的规定。需要说明的是，此次慈善法修改时，有的意见建议明确规定可以采取遗嘱信托的方式设立慈善信托。之所以没有在此明确列举，一方面，是因为根据慈善法和《中华人民共和国信托法》的规定，可以采取遗嘱这一书面形式设立慈善信托；另一方面，是因为遗嘱信托实践开展很少，相关的制度流程还在探索中，有待实践进一步探索成熟后再作出明确规定。

52 慈善信托文件备案的要求是什么？

答：根据《中华人民共和国信托法》第六十二条的规定，公益信托的设立和确定其受托人，应当经有关公益事业的管理机构批准。根据慈善法的规定，设立慈善信托向县级以上人民政府民政部门备案即可，无须进行审批。与《中华人民共和国信托法》相比，慈善法的规定降低了慈善信托的设立门槛和成本，目的是更好地利用慈善信托开展慈善活动。慈善信托备案期限为慈善信托文件签订之日起七日内，备案机关为受托人所在地县级以上人民政府民政部门，其中信托公司担任受托人的，由其登记注册地设区市的民政部门履行备案职责；慈善组织担任受托人的，由准予其登记或予以认定的民政部门履行备案职责。

根据《慈善信托管理办法》的规定，慈善信托的受托人向民政部门申请备案时，应当提交书面材料，包括备案申请书；委托人身份证明（复印件）和关于信托财产合法性的声明；担任受托人的信托公司的金融许可证或慈善组织准予登记或予以认定的证明材料（复印件）；信托文件；开立慈善信托专用资金账户证明、商业银行资金保管协议，非资金信托除外；信托财产交付的证明材料（复印件）等。慈善信托备案申请符合规定的，民政部门应当在收到备案申请材料之日起7日内出具备案回执；不符合规定的，应当在收到备案申请材料之日起7日内一次性书面告知理由和需要补正的相关材料。

53 慈善信托委托人的利害关系人能否作为受益人？

答：慈善信托的委托人不得指定或者变相指定其利害关系人作为受益人。

慈善信托的委托人对如何使用慈善信托财产拥有较大的决策权，可以通过信托文件等方式确定慈善信托财产用途和受益人范围，具体受益人需符合相应条件，但具有不特定性，即慈善信托的受益对象应是不特定多数人。如果慈善信托的委托人受私益因素的影响，利用自身影响力，通过指定或者变相指定的方式将与其存在利害关系的人确定为受益人，则违背了慈善信托的公益属性。此外，慈善法规定慈善信托享受税收优惠政策，如果慈善信托委托人指定或者变相指定其利害关系人作为受益人，可能存在一定的利益输送，将给国家税收带来损失，无益于慈善事业健康发展。"利害关系人"，顾名思义，一般是指与慈善信托的委托人存在利益关联的人员，此类关联关系（通常包括亲情关系、同学关系、商业关系等）对委托人的决策有着直接影响，导致将本不符合受益条件的人员纳入受益人范围。"指定"一般是指明确确定,"变相指定"一般是指虽形式上按照相应条件和程序进行筛选受益人,但这些条件和程序通常是事先为某些具体人选量身设定,实质上违背了公平公正的要求。

54 慈善信托受托人确定受益人的原则是什么？

答：慈善信托的受托人可以根据与委托人的约定，确定慈善信托的受益人范围或者具体的受益人。慈善信托受托人确定受益人时，同样应当符合公益性，遵循相应原则：一是公开原则。慈善信托的受托人在确定受益人过程中，程序上应当高度透明，保障委托人、潜在受益人及社会公众的知情权和监督权，确保符合条件的受益人能够得到相应帮助。二是公平原则。慈善信托的受托人在确定受益人时应当平等对待符合条件的人选，根据同等标准审核是否符合相关条件。申请人只要符合受益人的条件和标准，则应享有平等机会，不受歧视。三是公正原则。"公正"主要是强调维护形式正义和程序正义，防止徇私舞弊，从结果上确保符合条件的人成为受益人。

55 谁可以担任慈善信托的受托人？

答：慈善信托的受托人由慈善组织或者信托公司担任。根据《中华人民共和国信托法》第二十四条的规定，受托人应当是具有完全民事行为能力的自然人、法人。法律、行政法规对受托人的条件另有规定的，从其规定。考虑到慈善信托涉及社会公共利益，对受托人的条件作出特殊规定，有利于确保慈善信托的规范运行，慈善法规定慈善组织或者信托公司可以担任慈善信托受托人，出于保障委托人财产安全和受益人权益的考虑，未把自然人列为慈善信托的受托人。

慈善组织具备开展慈善活动的专业优势，由其担任受托人，便于其根据慈善信托财产情况有效开展相关慈善项目，有效实现委托人希望达到的慈善目的。信托公司是指依照《中华人民共和国公司法》和《信托公司管理办法》设立的主要经营信托业务的金融机构。一般情况下，信托公司从事的信托活动是营利性活动，但其作为慈善信托受托人，利用慈善财产开展的慈善活动为非营利性活动。信托公司作为受托人，有利于有效管理信托财产，促进信托财产的保值增值。

56 慈善信托委托人如何变更受托人？

答：慈善信托委托人基于对受托人的信任委托其管理慈善信托财产，受托人对慈善信托负有信托义务，如果其违反信托义务或者因其他原因难以履行职责的，委托人可以变更受托人。

可以变更受托人的情形包括两类：（一）受托人违反信托义务。慈善法和相关法律法规对受托人的义务作了规定。例如，慈善法规定慈善信托的受托人管理和处分信托财产，应当按照信托目的，恪尽职守，履行诚信、谨慎管理的义务。除法律法规规定外，慈善信托文件中，也会对受托人的义务作出约定。这些法定和约定的受托人的信托义务，是受托人依照法律规定和委托人意愿管理和处分信托财产、开展慈善活动的基础，违反这些信托义务，慈善信托将难以实现其设立目的。（二）受托人难以履行职责。慈善信托受托人的职责是按照委托人意愿以受托人名义进行管理和处分，开展慈善活动。在某些情况下，受托人难以履行上述职责，如受托人被依法解散、丧失法定资格、被依法撤销、被宣告破产等。慈善法明确出现上述情形时，委托人可以更换受托人。

需要说明的是，根据《中华人民共和国信托法》第六十八条的规定，公益信托的受托人违反信托义务或者无能力履行其职责的，由公益事业管理机构变更受托人。考虑到慈善信托是委托人将自己的财产用于慈善活动，慈善信托相关事项确需变更的，应当尊重委托人的意思，因此慈善法明确，出现规定情况时，委托人可以选择变更受托人，也可以选择不变更受托人，采取其他措施督促受托人履行义务和职责。

在变更程序方面，变更受托人后应当及时备案。受托人是慈善信托的当事人之一，变更受托人可能会对慈善信托的运行产生重大影响。慈善信托备案时需要提交的材料中，包括载明受托人名称、住所的慈善信托文件，担任受托人的信托公司的金融许可证或慈善组织准予登记或予以认定的证明材料；以受托人名义开立的慈善信托专用资金账户证明、商业银行资金保管协议等。变更受托人后，原备案的慈善信托情况发生重大变更，应当及时将变更情况报原备案的民政部门重新备案。根据《慈善信托管理办法》的规定，申请重新备案时应当提交相应书面材料，包括：原备案的信托文件和备案回执；重新备案申请书；原受托人出具的慈善信托财产管理处分情况报告；作为变更后受托人的信托公司的金融许可证或慈善组织准予登记或予以认定的证明材料（复印件）；重新签订的信托合同等信托文件；开立慈善信托专用资金账户证明、商业银行资金保管协议，非资金信托除外；其他材料。

57 慈善信托受托人管理和处分信托财产的要求是什么?

答:慈善信托设立后,受托人按照信托文件的要求以自己的名义管理和处分信托财产,为规范受托人管理信托财产的行为,慈善法规定了受托人的相关义务。

一是,受托人应当按照信托目的管理和处分信托财产。实现慈善目的是委托人设立慈善信托的最终目的,受托人应严格按照慈善目的管理和处分信托财产。同时,委托人设立慈善信托时,一般还有其具体想要实现的慈善目的,如支持某一地区的教育事业发展,帮助某一类疾病的患者,保护某一地域的生态环境等。信托文件中会明确载明该信托的信托目的。受托人应该按照设立慈善信托时约定的信托目的管理和处分信托财产。

二是,受托人应当恪尽职守,履行诚信、谨慎管理的义务。慈善法及有关法律法规规定了受托人按照信托目的管理和处分信托财产等职责,信托文件中一般也会对受托人的职责作出具体约定,受托人应严格按照相关规定和约定履行职责。在履行职责过程中,应当诚信、谨慎地管理信托财产。"诚信"即管理和处分信托财产时秉持诚实、善意,信守自己的承诺,例如,如实告知信托财产相关信息,善意行使管理处分信托财产的权利等。"谨慎"即密切注意与信托财产相关的事项,防止发生信托财产减损、浪费等情况,例如,避免高风险投资,认真核实受益人信息真实性等。

58 | 慈善信托受托人是否需要向委托人报告信托事务处理情况?

答:委托人是慈善信托财产的提供者,对信托事务处理情况和信托财产管理使用情况当然享有知情权。《中华人民共和国信托法》也规定,受托人应当每年定期将信托财产的管理运用、处分及收支情况报告委托人。根据慈善法的规定,信托文件中可以载明对受托人报告慈善信托事务处理情况和信托财产管理使用情况的要求,包括且不限于报告周期、报告内容等;即使信托文件没有载明,委托人也可以要求受托人报告信托事务处理情况和信托财产管理使用情况。"信托事务处理情况、信托财产管理使用情况"包括且不限于信托财产总值、信托负债、资产配置、慈善支出、项目运行等情况。

同时,慈善信托的受益人是不特定的社会公众,涉及社会公共利益。慈善法要求慈善信托的受托人应当每年至少一次将信托事务处理情况及财务状况向办理其备案的民政部门报告,并向社会公开。受托人报告和公开的信息包括信托事务处理情况及财务状况。根据《慈善信托管理办法》的规定，受托人应当在民政部门提供的信息平台即"慈善中国"网站上，发布相应报告。

59 | 慈善信托是否必须设置监察人？

答：慈善法规定了信托监察人制度，但慈善信托并非必须设置监察人。信托监察人在信托法律关系中拥有独立的地位，不隶属于委托人，不属于慈善事业监管部门，也不是受益人的代理人，其权限基于法律规定与信托合同的约定。

对于信托监察人的确定，根据《中华人民共和国信托法》的规定，信托监察人由信托文件规定。信托文件未规定的，由公益事业管理机构指定。慈善法赋予了慈善信托委托人更多的自主决定权，即慈善信托的委托人可以根据需要设置信托监察人，如果委托人充分信任担任受托人的慈善组织，也可以不设置信托监察人。考虑到实践中，我国有很多慈善信托的信托财产规模较小、存续时间较短，强制要求所有慈善信托都设置信托监察人在一定程度上不利于这些慈善信托的设立，也增加了慈善信托的运行成本，因此，慈善法没有对强制设置信托监察人作出规定，仍由慈善信托的委托人根据其意愿和所设立慈善信托的具体情况决定是否设置监察人。

60 信托监察人应当履行哪些职责？

答：设置信托监察人，赋予其相应权利有利于保护慈善信托财产和相关的公共利益，因此，慈善法对慈善信托监察人的权利和义务作了明确规定。

一是，信托监察人的职责是维护委托人和受益人的权益，应当依法对受托人的行为进行监督。慈善法和《中华人民共和国信托法》等法律法规规定了受托人的职责和义务，以及委托人和受益人的权利。信托文件中也对委托人、受托人、受益人和信托监察人的权利义务等进行了约定。信托监察人应当按照有关规定和约定，对受托人管理和处分慈善信托财产、开展慈善活动等行为进行监督，督促其履行法律法规规定和信托文件约定的义务，实现设立慈善信托的慈善目的，维护委托人和受益人的权益。

二是，信托监察人发现受托人违反信托义务或者难以履行职责的，应当向委托人报告，并有权以自己的名义向人民法院提起诉讼。关于信托监察人起诉的规定，其内涵包括：（1）信托监察人行使起诉权时是以监察人自己的名义进行，信托监察人是一个独立的法律主体。(2) 信托监察人行使起诉权的目的是维护委托人和受益人的利益,并且由于慈善信托的受益人不特定而委托人是确定的,因此信托监察人向法院提起诉讼前应当向委托人报告。(3) 信托监察人行使起诉权的条件是发现受托人违反信托义务或者难以履行职责。例如,受托人违反信托目的处分信托财产或者因违背管理职责、处理信托事务不当致使信托财产受到损失等情形。

61 | 慈善信托相关制度是否适用《中华人民共和国信托法》？

答：慈善信托的设立、信托财产的管理、信托当事人、信托的终止和清算等事项，慈善法"慈善信托"一章未规定的，适用慈善法其他有关规定；慈善法未规定的，适用《中华人民共和国信托法》的有关规定。

慈善法"慈善信托"一章主要对慈善信托的定义、备案、受托人的资格和职责、监察人的选任和职责等作了规定。慈善法其他章节对开展慈善活动、慈善财产管理等作了具体规定。慈善信托是开展慈善活动的方式之一，"慈善信托"一章中未规定的慈善信托的设立、信托财产的管理、信托当事人、信托的终止和清算等事项，适用慈善法其他有关规定。例如，慈善法第三条、第四条规定了慈善活动的范围和原则，设立慈善信托开展慈善活动应当符合相关规定；慈善法第二章对慈善组织的形式、条件等作了规定，慈善信托的受托人是慈善组织时，该慈善组织应当遵守该章的相关规定。

同时，根据慈善法第四十四条的规定，慈善信托属于公益信托。因此，《中华人民共和国信托法》有关公益信托的规定适用于慈善信托。同时，慈善信托有其自身特点，慈善法关于慈善信托的规定与《中华人民共和国信托法》存在一定区别：

第一，主管机构。《中华人民共和国信托法》第六十二条第一款规定，公益信托的设立和确定其受托人，应当经有关公益事业的管理机构批准。在实践中，由于公益事业管理机构不明确，使得公益信托的设立存在障碍，难以发展壮大。慈善法第四十五条规定，受托人应当在慈善信托文件签订之日起七日内，将相关文件向受托人所在地县级以上人民政府民政部门备案，进一步明确了慈善信托的行政主管机关是民政部门。

第二，设立程序。《中华人民共和国信托法》要求设立公益信托应当经公益事业管理机构批准，未经公益事业管理机构批准的，不得以公益信托的名义进行活动。慈善法降低了设立门槛，要求受托人在慈善信托文件签订之日起七日内，将相关文件向受托人所在地县级以上人民政府民政部门备案即可。

第三，税收优惠。《中华人民共和国信托法》没有对公益信托规定任何税收优惠措施，这被认为是导致公益信托在实践中发展不佳的原因之一。根据慈善法第四十五条第二款和第八十八条的规定，自然人、法人和非法人组织设立慈善信托开展慈善活动的，依法享受税收优惠。

第四，受托人范围与选任。《中华人民共和国信托法》规定，受托人应当是具有完全民事行为能力的自然人、法人。但公益信托一章并未专门对公益信托受托人资格作出规定，只规定公益信托受托人的确定、辞任、变更都须经过公益事业管理机构批准。慈善法第四十七条则对受托人的范围作了明确规定，即慈善信托的受托人可以由慈善组织或者信托公司担任。

第五，监察人的选任及职责。《中华人民共和国信托法》规定公益信托应当设置信托监察人。信托监察人由信托文件规定，信托文件未规定的，由公益事业管理机构指定。慈善法则放宽了限制，规定慈善信托的委托人根据需要可以确定信托监察人，即设置监察人不是强制要求，委托人有权自主决定是否设置。在监察人的职责方面，慈善法相较于《中华人民共和国信托法》也有不同规定。一是《中华人民共和国信托法》要求受托人应当至少每年一次作出信托事务处理情况及财产状况报告，经信托监察人认可后，报公益事业管理机构核准，并由受托人予以公告。慈善法则不再要求报告需经信托监察人认可。二是慈善法进一步明确，信托监察人发现受托人违反信托义务或者难以履行职责的，应当向委托人报告，并有权以自己的名义向人民法院提起诉讼。

62 | 慈善组织的财产包括什么？

答：慈善组织的财产包括以下三类：一是，发起人捐赠、资助的创始财产。发起人捐赠、资助的财产，是慈善组织的主要原始财产。这些财产，可以是货币、实物、房屋、有价证券、股权、知识产权等有形和无形财产，但必须是发起人有权处分的合法财产。

二是，募集的财产。募集的财产，是指慈善组织成立后，所接受的自然人、法人和非法人组织基于慈善目的自愿、无偿赠与的财产，以及慈善组织通过募捐的方式取得的财产。慈善组织募集的财产是慈善组织得以持续运转和开展慈善活动最主要的物质基础。募集财产分为两种方式：一种是面向社会公众的公开募捐，可以采取在公共场所设置募捐箱，举办面向社会公众的义演、义赛、义卖、义展、义拍、慈善晚会，通过广播、电视、报刊、互联网等媒体发布募捐信息等方式；另一种是在发起人、理事会成员和会员等特定对象范围内进行的定向募捐。

三是，其他合法财产。具体包括：（1）接受政府购买服务获得的收入。政府购买服务，是指各级国家机关将属于自身职责范围且适合通过市场化方式提供的服务事项，按照政府采购方式和程序，交由符合条件的服务供应商承担，并根据服务数量和质量等因素向其支付费用的行为。随着社会对养老、育幼、助残、济困等公共服务需求的不断增长，需要充分发挥以提供社会服务为主的慈善组织在公共服务中的作用，更好满足社会的需要。同时，慈善组织从政府间接获得资金支持，有利于支持慈善组织的发展。因此，接受政府购买服务获得的收入，是慈善组织财产来源的一个重要方面。（2）经营性收入。慈善组织为实现财产保值、增值，可以进行投资，但其从事经营性活动所取得的收入应当全部用于慈善目的，不得进行分配。经营性收入，主要包括为使慈善财产保值、增值所进行的投资取得的收入，以及将慈善财产存入金融机构取得的利息收入等。（3）其他收入。除上述两种收入外，慈善组织还有一些其他财产来源。例如，慈善组织可以作为慈善信托的受托人，受托管理慈善信托财产。慈善组织管理慈善信托，可以向委托人收取合理的费用，这构成了慈善组织的财产来源之一。再如，慈善组织中的社会团体，在国家法律法规、政策许可的范围内，可以依照社团章程的规定，向个人会员、单位会员和团体会员收取一定会费，作为慈善组织的财产。

63 慈善组织的财产能否用于慈善以外的其他目的？

答：慈善组织的财产应当全部用于慈善目的。慈善组织成立和运行的唯一目的就是实现慈善目的，发起人捐赠、资助财产是为了实现某些慈善目的，慈善组织募集财产是基于慈善目的，捐赠人捐赠财产也是为了慈善目的。因此，慈善组织的财产应当全部用于慈善目的，不得用于非慈善目的。虽然慈善组织因财产保值、增值的需要可以将一部分财产用于投资，但是，投资取得的收益仍然要全部用于慈善目的。全部用于慈善目的，具体来讲，就是慈善组织将财产以再次捐赠或者提供服务等方式，用于慈善法第三条规定的扶贫、济困、扶老、救孤、恤病、助残、优抚，救助自然灾害、事故灾难和公共卫生事件等突发事件造成的损害，促进教育、科学、文化、卫生、体育等事业的发展，防治污染和其他公害，保护和改善生态环境等领域。

需要说明的是，慈善组织用于开展活动的开支以及慈善组织的管理费用不是用于受益人，但依然属于用于慈善目的。慈善组织维持日常运行和开展慈善活动必然有一定支出，如核实受益人情况的路费、支付办公用房租金、支付工作人员工资等。这些支出和费用，是慈善组织开展慈善活动或维持日常运行必不可少的，最终是为了实现慈善目的。当然，这部分支出并非随意的，而是需要受到严格限制，如遵循管理费用、募捐成本等最必要原则，厉行节约，减少不必要的开支，管理费用不超过一定标准等。对于以慈善为名，将慈善组织的财产用于非慈善目的的行为，慈善组织及有关责任人员还应当承担相应的法律责任。

64 慈善组织的财产能否分配？

答：慈善组织的财产不得分配。非营利性是慈善组织的基本属性，财产的非分配性又是非营利性的实质内容。慈善组织无论通过何种方式取得的财产，都只能用于慈善组织所开展的各种慈善活动及自身运行的必要开支，也即慈善目的，不能作为利润分配。任何组织和个人对慈善组织都没有类似公司股东的权利，也不享有分配慈善组织财产的权利，慈善组织的财产不仅不能在慈善组织的成员中分配，对发起人和捐赠人以及其他人员也不能进行分配。

慈善组织不得分配的财产包括：一是慈善组织存续期间的财产，如因投资取得的收益等财产不得进行分配。二是慈善组织清算后的剩余财产不得进行分配。慈善组织的非营利性决定了慈善组织清算后的剩余财产不得分配给慈善组织的成员，也不得返还给发起人、捐赠人，或者被其他人私分。慈善组织清算后的剩余财产应当遵循近似原则，按照慈善组织章程的规定转给宗旨相同或者相近的慈善组织；章程未规定的，由民政部门主持转给宗旨相同或者相近的慈善组织，并向社会公告。三是慈善项目完成后的剩余财产不得返还捐赠人。慈善项目完成后的剩余财产如果返还给捐赠人，则难以避免捐赠数额虚高，捐赠人不当干涉慈善项目运行，甚至以虚高捐赠骗取税收优惠等行为。慈善项目终止后捐赠财产有剩余的，按照募捐方案或者捐赠协议处理；募捐方案未规定或者捐赠协议未约定的，慈善组织应当将剩余财产用于目的相同或者相近的其他慈善项目。

65 慈善组织如何对捐赠财产进行管理？

答：一是，慈善组织对募集的财产，应当登记造册，严格管理、专款专用。慈善组织接受捐赠财产后，应当根据实际发生的经济业务事项进行会计核算，并按照有关法律法规的要求填制会计凭证，登记会计账簿，编制财务会计报告。登记造册时，慈善组织应当将慈善组织的其他财产与募集的财产严格区分，分别入账。对于所募集的财产，无论是现金捐赠，还是实物捐赠，都应当按照要求及时登记造册。根据《民间非营利组织会计制度》的规定，慈善组织接受捐赠的现金资产，应当按照实际收到的金额及时如实入账；对于接受捐赠的非现金资产，如短期投资、存货、长期投资、固定资产和无形资产等，应当依据捐赠方提供的有关凭据或公允价值作为入账价值；对于无法可靠计量公允价值的财产，如文物资产以及一些无形资产，应当单独登记，并在会计报表附注中作相关披露。

慈善组织对募集的财产应当进行严格管理、专款专用。严格管理，就是要按照既定的制度或标准要求，认真仔细地加以管束或从严负责落实。慈善组织应当加强对募集财产的管理，按照有关规定完善募集财产管理相关规章制度，健全内部治理结构，确保对募集财产的管理严格执行相关法律法规规定，符合内部决策程序，并接受相应的监督监管。专款专用，是指对指定用途的资金，应按规定的用途使用，并单独反映。募集财产的捐赠者对其所捐赠的财产不要求取得资本收益和资本回收，但一般都有特定的捐赠目的，有的还会特别约定捐赠用途。因此，对于慈善组织募集的财产，必须尊重捐赠人的意愿，按照募集财产时约定的不同用途使用，专款专用并专设账户；会计报表应单独反映其取得、使用情况，从而保证专用资金的使用效果。

二是，慈善组织对捐赠实物可以拍卖或者变卖。一般情况下，捐赠人捐赠的财产都是受益人所需或者可以直接使用的，但也有些捐赠实物不易储存或者难以直接用于慈善目的。例如，在自然灾害救助活动中，有的捐赠人捐赠了食品、口红、字画等，有些食品属于不易储存、运输的，口红等化妆品以及字画等属于难以直接用于慈善目的的。为了使捐赠财产能够有效使用，避免浪费，慈善组织可以对这些物品采取拍卖或者变卖的方式处理。拍卖，是以公开竞价的方式，将特定的物品或财产权利转让给最高应价者的买卖方式。变卖，是指以出卖物品的方式换取现金。这也是处理慈善财产的一种方式。拍卖或者变卖所得收入在扣除必要费用后，应当全部用于慈善目的，不得挪作他用。"必要费用"，主要指拍卖或者变卖捐赠实物时必然产生的一些费用,如拍卖时付给拍卖人的一定比例的佣金等。拍卖和变卖的费用应当是合理且必要的,不能在拍卖或者变卖环节使捐赠人捐赠的财产遭受不必要的损害。

66 慈善组织的投资行为应当符合哪些要求？

答：一是，投资行为应当遵循合法、安全、有效的原则。合法性原则，是指慈善组织为使财产保值增值进行的投资活动，包括用于投资的财产，投资的领域、方式和决策程序等，必须符合慈善法及相关法律法规的规定。安全性原则，要求保证投资本金的可收回性，尽可能避免在投资中遭受损失。对于不能保证安全或者风险过高的投资应当禁止，在财产增值的前提下使风险降至最低，以确保慈善组织投资的安全性。有效性原则，是指慈善组织应积极实现财产保值增值。在目的的有效性上，即达到保值增值的目的，以最小的投入实现最大的产出；在方式的有效性上，即采用合理的方式实现保值增值的目的。

二是，慈善组织的重大投资方案应当经决策机构组成人员三分之二以上同意。重大投资方案，主要是指对慈善组织具有重大影响的投资活动，至于何谓"重大"，可由各慈善组织的章程规定。因各类慈善组织的形式不同、内部治理结构不同，决策机构也有所不同。例如，按照《基金会管理条例》的规定，理事会是基金会的决策机构，依法行使章程规定的职权；章程规定的重大投资活动，须经出席理事表决，三分之二以上通过为有效。如果慈善组织在进行投资决策或开展投资活动时未依法依规且造成损失的，有关人员应当承担相应责任。

三是，可以用来进行投资的财产有一定限制。政府资助的财产和捐赠协议约定不得投资的财产，不得用于投资。政府资助慈善组织的财产，应当按照资助的项目专款专用。如果慈善组织募捐时或者捐赠人捐赠财产时有关于捐赠财产用途的约定，慈善组织不得随意改变用途，除非捐赠人约定捐赠财产可以用于投资，否则一律不得用于投资。

四是，慈善组织的负责人和工作人员不得在慈善组织投资的企业兼职或者领取报酬。慈善组织的负责人或者工作人员在慈善组织投资的企业兼职或者领取报酬，极有可能影响慈善组织的利益，有的甚至搞不正当交易，严重违背了慈善宗旨，极易产生腐败行为。因此，慈善组织的负责人和工作人员不得在慈善组织投资的企业兼职或者取酬。其中，兼职是指慈善组织的负责人和工作人员在未卸任慈善组织职务的情况下，同时到慈善组织投资的企业担任生产经营管理工作的有关职务。但如果慈善组织的负责人和工作人员受慈善组织委托，作为股东代表、董事或者监事仅仅参与被投资企业的股东会、董事会会议，不承担生产经营管理工作，则不属于"兼职"。

67 慈善组织应当如何使用捐赠财产？

答：一方面，慈善组织使用捐赠财产应当依照法律法规和章程的规定。慈善法和有关法律法规对慈善组织开展慈善活动、使用捐赠财产作了原则性的规定。例如，慈善法第三条对慈善活动的范围作出了规定，慈善组织开展慈善活动、使用捐赠财产必须符合该条规定的范围。根据《中华人民共和国公益事业捐赠法》的规定，公益性社会团体应当将受赠财产用于资助符合其宗旨的活动和事业；对于接受的救助灾害的捐赠财产，应当及时用于救助活动；捐赠财产的使用应当尊重捐赠人的意愿，符合公益目的，不得将捐赠财产挪作他用。

慈善组织形式多样，其具体宗旨也各不相同，根据慈善法的规定，慈善组织应当有其组织章程，章程应当符合法律法规的规定，并载明宗旨和活动范围、财产管理使用制度、项目管理制度等事项。捐赠人之所以将财产捐赠给慈善组织，是基于对慈善组织章程的认同，也就是对该组织宗旨的认同。因此，慈善组织必须按照章程的规定使用慈善财产，这样才能符合捐赠人的意愿。

另一方面，慈善组织应当按照募捐方案或者捐赠协议使用捐赠财产。慈善组织开展公开募捐应当制定募捐方案，并在募捐方案中对受益人、募得款物的用途等作出明确规定。募捐方案需要在开展公开募捐前报民政部门备案，使其具有一定的公信力。因此，按照募捐方案使用捐赠财产，是公开募捐时慈善组织与捐赠人所达成的一致意见，捐赠人捐赠财产后，慈善组织有义务按照募捐方案使用捐赠财产。

捐赠人向慈善组织捐赠财产，有权与慈善组织约定其捐赠财产的用途。根据慈善法的规定，慈善组织接受捐赠，捐赠人要求签订书面捐赠协议的，慈善组织应当与捐赠人签订书面捐赠协议，捐赠财产用途是协议的重要内容。例如，某置业有限公司与某市慈善会签订的捐赠协议书中明确，该公司确定的捐赠对象及捐赠财物使用要求是奖励某中学2021年及以后为高考作出贡献的教师和职工。慈善组织与捐赠人签订书面捐赠协议后，双方应当按照协议约定履行义务。捐赠人应当按照约定的方式、时间、数额等将捐赠财产交付给慈善组织，慈善组织应当按照约定的用途、受益人等使用捐赠财产，不得违背捐赠人的意愿使用捐赠财产。

68 | 慈善组织能否变更捐赠财产用途？

答：慈善组织应当按照募捐方案使用捐赠财产，确需变更募捐方案规定的捐赠财产用途的，应当报慈善组织登记的民政部门备案。这主要是考虑到公开募捐取得的捐赠财产涉及捐赠人较多，无法一一征求意见，因此由民政部门代表捐赠人和公众进行监督。慈善组织应在开展募捐活动前将募捐方案报民政部门备案，后续确需变更募捐方案的，也应当报民政部门备案。例如，募捐项目是为了在地震灾区重建学校，后来由于政府已经拨款用于重建学校，募得款项的用途变更为给灾区的学生购买学习用品。在这种情况下，慈善组织应当先将有关变更事项向慈善组织登记的民政部门备案，之后，再按照变更后的用途来使用捐赠财产。

捐赠人通过捐赠协议与慈善组织约定捐赠财产用途，慈善组织确需变更捐赠协议约定的捐赠财产用途的，应当征得捐赠人同意。根据《中华人民共和国民法典》的规定，只有在当事人协商一致的情况下才可以变更合同，因此慈善组织履行捐赠协议时，发生了确需变更约定的捐赠财产用途情况的，慈善组织不得擅自变更，必须征得捐赠人的同意。例如，捐赠人与慈善组织在捐赠协议中明确约定，捐赠的款项用于某市儿童福利院的重建项目，如果慈善组织拟将该款项用于为该市儿童公园增添游乐设施，那么在这种情况下，必须要征得捐赠人的同意后，方可将捐赠财产用于变更后的项目。

69 | 慈善组织应当如何运作慈善项目？

答：一是，慈善组织应当合理设计慈善项目，优化实施流程。慈善组织应当立足组织自身的定位和宗旨，根据自身的特点和优势设计慈善项目。慈善项目的选择应当结合本地区或者本领域经济社会发展的实际情况，聚焦群众期待或者存在发展短板的方面。慈善组织在确定慈善项目之前要进行充分的调研和论证，可以通过实地调研、问卷等方式广泛听取公众的意见，以便科学地确定慈善项目。在慈善组织内部，也要注意处理好不同慈善项目之间的关系，结合自身的人力物力，稳妥规划慈善项目，注重每一个慈善项目的质量，确保有足够的能力进行运作和跟踪管理。慈善组织应当优化慈善项目的实施流程，提前规划，加强不同环节间的有序衔接，既要建立统一规范的实施流程，也要结合不同项目的特点作出差异化规定。在符合法律法规、慈善组织章程和有关管理制度的前提下，使内部审批环节更加简化、便捷，资金募集和拨付严格依照有关财务管理制度，项目执行中减少不必要的环节和成本支出，在合法合规的前提下，保障慈善项目及时、顺利实施。

二是，慈善组织应当降低运行成本，提高慈善财产使用效益。运作慈善项目，需要慈善组织付出一定的人力和物力，必然会产生相应的运行成本。慈善组织用于承担慈善项目运行成本的财产，主要来源于为开展该慈善项目而募集的财产，以及捐赠人非定向捐赠的财产，也即主要来源于捐赠人捐赠的财产。捐赠人对于捐赠财产的普遍期待，是将更多的捐赠财产直接用于受益人。因此，虽然慈善组织不可能"零成本"运行慈善项目，但是应当厉行节约，尽量减少募集资金、实施项目等环节的运行成本，防止高成本运行慈善项目。

三是，慈善组织应当建立慈善项目管理制度，对项目实施情况进行跟踪监督。慈善项目管理制度应当包括建立健全慈善项目的决策、执行、监督机制，对慈善项目的设计、资金管理和使用、项目跟踪监督等作出规定，在实践操作中按照规定严格项目管理。慈善组织应当对慈善项目进行全过程监管，在慈善项目设计时加强论证，合法依规募集项目资金，科学合理确定受益人，在资金拨付之前做好调查研究，并且在资金拨付之后，采取必要的方式对项目的开展情况进行事中事后监督，发现项目进度及资金使用方面存在重大问题的，应当及时进行调整，对于仍然存在问题的，慈善组织有权改变预算资金的金额，缓拨或停拨下期的项目资助款。对于被委托方或者合作方在项目申报、管理和实施过程中，存在弄虚作假、截留、挪用、挤占项目资金等违法行为的，慈善组织可以依据协议的约定中止慈善项目，依法追究合作机构的法律责任。

70 慈善项目终止后，剩余捐赠财产如何处理？

答： 一是，按照募捐方案或者捐赠协议处理。尊重当事人的意愿是处理剩余财产最重要的原则。慈善组织开展公开募捐的募捐方案包括剩余财产的处理等内容，捐赠人在了解募捐方案后选择进行捐赠，说明其认可募捐方案中有关剩余财产的处理办法，慈善项目终止后，捐赠财产有剩余时即可按照募捐方案处理。除募捐方案外，慈善组织与捐赠人签订的捐赠协议中也可以约定剩余捐赠财产的处理方案，如果协议中明确约定剩余财产处理办法的，应当按照协议处理剩余财产。需要注意的是，虽然对捐赠剩余财产的处理要充分尊重捐赠人的意愿，但捐赠协议对于剩余财产处理方式的约定并不是完全随意的，而是应当符合法律规定和慈善宗旨的，如不得约定慈善项目终止后的剩余财产返还捐赠人等。

二是，将剩余财产用于目的相同或者相近的其他慈善项目。对于慈善组织没有在募捐方案中明确剩余捐赠财产如何处理，以及捐赠协议中没有约定慈善组织如何处理剩余财产的情形，剩余捐赠财产应当按照"近似原则"来处理。"近似原则"，即应当将剩余财产用于与原慈善项目目的相同或者近似的其他慈善项目。遵循"近似原则"是由慈善组织本身的性质和特点决定的。慈善组织的财产主要来源于自然人、法人或非法人组织的捐赠，应当按照章程规定的宗旨和慈善活动业务范围将捐赠财产全部用于慈善目的，不得在发起人、捐赠人以及慈善组织成员中分配。同时，任何组织和个人不得私分、挪用、截留或者侵占慈善财产。因此，慈善组织的慈善项目终止后，其剩余财产的用途不能因项目的终止而改变，而是应当用于目的相同或者相近的其他慈善项目。

71 慈善组织确定慈善受益人应当遵守什么要求？

答：一是，慈善组织确定慈善受益人，应当坚持公开、公平、公正的原则。公开是指慈善组织确定受益人的程序要有透明度，不能暗箱操作，受益人的信息要依法向社会公开。慈善组织设计慈善项目及开展募捐时，应当明确其预期的慈善受益人范围；实施慈善项目时，应当公开其确定的具体受益人的情况。从接受社会监督的角度来说，除受益人的个人隐私等不便公开的内容外，慈善组织应当充分公开所确定受益人的相关信息，包括且不限于受益人的确定程序、受益人的具体情况、受益人接受资助或者帮扶的情况等。

公平是要求慈善组织和受益人应当合理确定双方的权利和义务，任何一方不得享有特权，或者给一方强加不合理的义务。慈善组织有权根据需要与受益人签订协议，明确权利义务，约定慈善财产的用途等内容。同时，为了保护受益人的权利，防止慈善组织在确定受益人时给受益人增加不合理的义务，甚至侵犯受益人的合法权益，慈善组织确定慈善受益人应当坚持公平原则。

公正是要求慈善组织要维护受益人的合法权益,不能保护受益人中的一方,而损害另一方的权益。慈善组织确定慈善受益人时应当按照既定的慈善受益人范围和条件,公正确定具体的受益人。

确定慈善受益人时的公开、公平、公正原则,是相互联系、不可分割的统一整体。慈善组织通过履行公开、公平、公正的原则选择受益人,保证选定的受益人符合慈善目的和捐赠人的意愿。

二是,不得指定或者变相指定慈善组织管理人员的利害关系人作为受益人。慈善法明确禁止慈善组织的管理人员指定其利害关系人为受益人。"慈善组织的管理人员"主要包括慈善组织的理事长、副理事长、秘书长以及慈善项目的负责人等,这些人员属于慈善组织的负责人员或者负责具体项目的人员,他们可以参与慈善项目的选择和决策,或者负责具体项目的实施。对于慈善组织管理人员的"利害关系人"的范围,我国现行的法律没有作出明确界定,一般认为包括慈善组织管理人员的家庭成员,如父母、子女、兄弟姐妹、祖父母、外祖父母、孙子女、外孙子女以及其他具有血亲和姻亲关系的人,以及慈善组织的发起人、慈善组织管理人员主要来源单位、慈善组织对外投资的被投资方、正在与慈善组织管理人员发生重大交易的交易方等与慈善组织管理人员存在重大利益关联或者可能对慈善组织的管理人员产生重大影响的个人和组织。

72 受益人未按照协议使用慈善财产应当如何处理？

答：受益人应当珍惜慈善资助，按照协议使用慈善财产。慈善组织作为资助人，有权对资助财产的使用是否合乎资助的目的、是否符合资助协议等情况进行监督。在监督中，如果发现受益人未按照协议使用慈善财产或者有其他严重违反协议情形的，慈善组织有权要求其改正；拒不改正的，慈善组织有权解除协议并要求受益人返还财产。此外，如果受益人是因为不可抗力导致不能履行协议，根据不可抗力的影响，可以部分或者全部免除责任，但法律另有规定的除外。受益人迟延履行后发生不可抗力的，不能免除其违约责任。

慈善组织是否与受益人签订协议，是慈善组织根据需要来决定的。有的情况下，慈善组织虽然没有与受益人直接签订书面协议，但是慈善组织制定的慈善项目的管理制度、公告等，其中载明了受益人的义务，并向受益人进行了告知的，受益人在接受慈善组织资助后就与慈善组织建立了合同关系，也属于对有关义务进行了约定。也有的情况下，慈善组织通过项目实施和款物拨付的具体程序，能够最大限度地保证慈善财产用于约定目的。例如，有些慈善助学项目，将对学生学费的资助资金直接转账至学校统一办理的银行账户，学校划扣学费后有专门提示，以确保所资助资金用于缴纳学生的学费。

73 慈善组织运用慈善财产应当遵守哪些要求？

答：慈善组织应当充分、高效地运用慈善财产。慈善组织设立及存续的唯一目的是实现慈善目的，为了实现这一目的，慈善组织需要积极开展慈善活动，尽可能地将慈善财产充分用于慈善目的，而不是消极地维持本组织的存续；尽可能地以有限的慈善资源实现最大的社会效益，而不是低效利用慈善财产甚至浪费慈善财产。

遵循募捐成本最必要原则，是此次慈善法修改新增的内容。慈善组织开展募捐活动、实施慈善项目必然会产生一些费用，如物资采购、宣传推广、活动组织等。为了加强对募捐成本的管理，此次慈善法修改新增了对募捐成本的管理要求。除慈善法第十三条要求慈善组织在年度工作报告和财务会计报告中报告募捐成本情况外，第六十一条还明确要求募捐成本遵循最必要原则，并授权国务院民政部门会同财政、税务等部门制定募捐成本的标准。这一修改，并非允许慈善组织以更高的运行成本开展慈善活动，而是要求慈善组织将现有的列支为管理费用、慈善活动支出、筹资费用或者其他费用等项目中的募捐成本予以明确体现，使慈善组织募捐成本的开支更加公开透明，以接受捐赠人和社会公众的监督。

74 慈善组织开展慈善活动的年度支出、管理费用和募捐成本是否需要遵守相应的标准?

答: 慈善组织开展慈善活动的支出体现了慈善组织为了履行慈善宗旨而进行的投入,按照积极、充分、高效的原则,不能低于一定的标准。管理费用和募捐成本是慈善组织维持自身运营和募集资金的成本,按照必要和节约的原则,不能高于一定的标准。根据慈善法第六十一条第一款的规定,具有公开募捐资格的基金会开展慈善活动的年度支出,不得低于上一年总收入的百分之七十或者前三年收入平均数额的百分之七十;年度管理费用不得超过当年总支出的百分之十。因为具有公开募捐资格的基金会是公信力要求最高的一类慈善组织,应当通过法律的形式对其支出管理作出明确要求,同时为其他类型的慈善组织提供参考。考虑到不同类型的慈善组织在组织形式、募集资金、实施慈善项目和慈善活动方式等方面有其不同特点,从实际出发,慈善法没有对所有慈善组织的年度支出、管理费用和募捐成本标准作出统一规定,而是授权国务院民政部门会同财政、税务等部门制定。

在计算慈善活动年度支出比例时有两种衡量标准：一是要求具有公开募捐资格的基金会开展慈善活动的年度支出，不得低于上一年总收入的百分之七十；二是具有公开募捐资格的基金会开展慈善活动的年度支出不得低于前三年收入平均数额的百分之七十。两个标准是"或者"的关系，即慈善组织只需要满足其中一种就算达标。引入前三年收入平均数额作为计算慈善活动年度支出比例的基数，主要是解决慈善组织每年的捐赠收入和慈善活动支出存在不确定性和波动性的问题。有的情况下，慈善组织的收入可能会发生较大变化，如果遇上较大的突发应急事件，可能会出现某一年的收入显著高于其他年份的情况，即使以前三年收入的平均数额作为计算基数也很难达标。因此，在特殊情况下，年度支出应当报告其登记的民政部门并向社会公开，如实说明情况。

特殊情况下，年度管理费用难以符合规定的，也应当报告其登记的民政部门并向社会公开说明情况。"特殊情况"主要包括以下两类情形：一是对于第一年新成立的慈善组织，由于成立之初一般都会发生一次性较大的管理费用，而同时又因为新成立，尚不具备条件全面开展慈善项目，所以导致当年的总支出中基本都是管理费用。二是慈善组织年度管理费用超标是因为某些不可抗力因素，导致慈善组织的折旧费、无形资产摊销费、资产盘亏损失、资产减值损失、因预计负债所产生的损失突发性增长等。

需要说明的是，根据慈善法的规定，捐赠人在捐赠财产时，可以与慈善组织签订书面协议，对捐赠财产用途等作出约定。捐赠协议关于捐赠财产用途的约定，体现了捐赠人对其捐赠财产用途的主观意思表示。如果捐赠人同意该笔捐赠财产的慈善活动支出比例低于法定标准或者提取的管理费用比例高于法定标准，根据意思自治的原则，慈善组织应当按照与捐赠人所签订书面协议的约定进行支出。但是，慈善组织和捐赠人在捐赠协议中约定慈善活动支出和管理费用标准时，必须确保不能使慈善组织全年的慈善活动支出比例和管理费用比例超过法定标准，否则慈善组织一样不能以尊重捐赠人意愿为由而逃避处罚。

75 慈善信托的年度支出和管理费用是否需要遵守相应的标准?

答：与慈善捐赠相同，通过慈善信托开展慈善活动，同样涉及慈善信托财产的支出、慈善信托管理费用的提取等问题。此前，慈善法和相关法律法规并没有对慈善信托的年度支出和管理费用标准作出统一规定，实践中，由慈善信托的委托人和受托人在信托合同中，对慈善信托财产的用途、管理费用提取等作出约定，不同慈善信托的约定不同，所执行的慈善信托的年度支出和管理费用标准也各不相同。总体而言，慈善信托的年度支出差异性很大，有的慈善信托的存续期间很短，相应地每年的支出比例就较大；也有的慈善信托是永续性的，每年的支出占信托财产的比例很小。这种比例差异，主要取决于委托人的主观意愿。对于管理费用，实践中慈善信托的管理费用与慈善捐赠的计算标准不同。慈善捐赠的年度管理费用标准是按照当年总支出的百分比计算，而慈善信托的管理费用多是参照营业信托管理费的计算方式，按照被委托的慈善信托的财产总值或净值的百分比计算，一般不与慈善信托财产的当年总支出关联。

此次慈善法修改时，从促进慈善信托发展的角度来说，对慈善信托的支出和管理费用作出一定规范是必要的，但不宜规定得过死，既要适应慈善信托的特点，尊重当事人的意志，又要和税收优惠问题相协调。因此，慈善法授权国务院民政部门会同财政、税务和金融监督管理等部门制定慈善信托的年度支出和管理费用标准，以更好地适应慈善信托实践的需要。

76 | 什么是慈善服务？

答：慈善服务，是指慈善组织和其他组织以及个人基于慈善目的，向社会或者他人提供的志愿无偿服务以及其他非营利服务。主要包括以下几个方面的内容：

一是，慈善服务的提供主体。提供慈善服务并不是慈善组织的专属职能，其他组织和个人基于慈善目的，也可以向社会和他人提供慈善服务。例如，某人出于善意，免费护理困难老年人，免费对孤儿进行抚养或教育。但是，个人提供的慈善服务，可能无法享受相应的税收优惠和政策支持。

二是，慈善服务的公益性。按照慈善法的规定，慈善服务的提供对象是"社会或者他人"，也就是说，慈善法意义上的慈善服务，不以特定私人利益为目的，不得兼顾私利。慈善服务的范围非常广泛，具体包括以扶老、助残、恤幼、济困、救灾等形式对困难群体和个人的帮助，以及对教育、科学、文化、卫生、体育、环境保护等事业发展的促进等。慈善组织、其他组织和个人提供的慈善服务，其实也是在上述领域内开展的各种公益性服务。

三是，慈善服务的非营利特征。具体来说，慈善服务的形式包括志愿无偿服务和其他非营利服务两类。志愿服务除具有自愿、利他等特性外，还具有无偿性，是最能凸显慈善宗旨的慈善服务。此外，除志愿无偿服务外，其他非营利服务是指受益人并不完全是享受慈善组织、其他组织和个人提供的免费服务，一些专业的慈善服务本身需要必要的成本，这些低偿的慈善服务恰好又是受益人亟需且在他们合理的费用负担范围内。为了保证开展这类慈善服务的持久性，应当允许这些专业的慈善服务收取较低标准的费用。慈善服务的"非营利性"特征也决定了收取的这些费用不得被分配，也不得用于慈善活动以外的其他支出。

77 | 慈善组织如何开展慈善服务？

答：慈善组织开展慈善服务，基本可以分为三种模式：一是自己提供。慈善组织自身具有相应能力和资质，或者具有专门队伍的，可以开展与其宗旨和章程相适应的慈善服务。例如，养老院、福利院、康复中心等，有专业的医护、康复人员为受益人提供服务。二是通过志愿者提供。有的慈善组织募集资金的能力很强，但是本身并不拥有专门的队伍，在开展慈善活动过程中，可能需要招募志愿者来提供慈善服务。例如，慈善组织可以根据需要，组织志愿者为孤寡老人、空巢老人、残疾人提供生活救助和照料服务。三是委托有服务专长的其他组织提供。除上述养老院等专业的慈善组织外，一些慈善组织还在募集资金和调动慈善资源方面有优势，在开展专业的慈善服务时，可以委托有服务专长的其他组织提供。

78 对慈善服务的受益人、志愿者有哪些保护性要求？

答：一是，尊重受益人、志愿者的人格尊严。慈善服务主要涉及三个方面的主体：慈善服务的提供者，主要包括慈善组织、其他组织或者个人；志愿者；受益人。《中华人民共和国民法典》规定，自然人的人身自由、人格尊严受法律保护。根据《志愿服务条例》的规定，志愿服务组织、志愿服务对象应当尊重志愿者的人格尊严；志愿服务组织、志愿者应当尊重志愿服务对象的人格尊严。在慈善服务过程中，慈善服务提供者、志愿者与受益人之间是平等的关系，应当相互尊重。慈善组织和其他组织在招募志愿者开展慈善服务过程中，不能把志愿者视为"免费劳动力"，而是要充分尊重他们的服务和贡献。

二是，不得侵害受益人、志愿者的隐私。《中华人民共和国民法典》规定，自然人享有隐私权。任何组织或者个人不得以刺探、侵扰、泄露、公开等方式侵害他人的隐私权。《志愿服务条例》也规定，志愿服务组织、志愿服务对象未经志愿者本人同意，不得公开或者泄露其有关信息；志愿服务组织、志愿者不得侵害志愿服务对象个人隐私。因此,在开展慈善服务的过程中,不得侵害志愿者、受益人的隐私。侵犯当事人隐私的,要依法承担相应的责任。例如,《中华人民共和国民法典》第九百九十五条规定:"人格权受到侵害的,受害人有权依照本法和其他法律的规定请求行为人承担民事责任。受害人的停止侵害、排除妨碍、消除危险、消除影响、恢复名誉、赔礼道歉请求权,不适用诉讼时效的规定。"

79 开展专业慈善服务有哪些特殊要求?

答: 一是,专业慈善服务应当遵守相关标准和规程。目前,我国法律、法规、规章和其他规范性文件在医疗康复、教育培训等方面有相关的要求,有的行业组织结合行业自身特点,也制定了相应的标准和规程。专业慈善服务是以慈善服务的方式提供专业服务,这些针对专业服务的标准和规程当然也应当得到严格执行。

二是,慈善组织应当按要求对志愿者进行专业培训。慈善组织招募的志愿者,通常来自不同的领域,在专业背景和服务技能方面各有不同。慈善组织在开展慈善服务过程中,有的慈善服务需要专门的技能,如开展应急救援、医疗康复等活动,需要具备必要的救援常识和基本的医疗知识。慈善组织根据具体慈善服务的要求,有义务对所招募的志愿者开展相关培训,保证他们在开展慈善服务过程中,能够提供较为专业的慈善服务,同时避免发生不当操作、提供服务不适当等情况,损害受益人的合法权益。

80 慈善组织招募志愿者时应当履行什么义务？

答：一是，公示与慈善服务有关的全部信息。与慈善服务有关的全部信息至少包括开展慈善服务的慈善组织信息，慈善服务的时间、地点、方式、服务对象等信息，需要招募志愿者的岗位、条件、人数、保障条件等信息。其中，志愿者的保障条件包括但不限于志愿者保险、交通误工等补贴、志愿者服装工具、专项培训等。公示信息必须真实、准确、完整，一方面让志愿者对具体的慈善服务、资格要求和保障条件有充分了解，决定是否参与；另一方面确保慈善组织招募到符合资格要求的志愿者，保障服务达到预期效果。

二是，告知服务过程中可能发生的风险。志愿者参与慈善服务，必然伴随着风险。这些风险不仅涉及志愿者和受益人，也涉及慈善组织。慈善组织通过告知志愿者服务过程中可能发生的风险，一方面让志愿者对参与慈善服务的风险有全面认识，结合自身条件和风险控制及承受能力决定是否参与，充分行使自主决定权，切实保护志愿者合法权益；另一方面尽职履行组织义务，一旦损害发生，有利于保护组织权益，明确各方责任。

81 慈善组织应当如何对志愿者进行登记和记录？

答：一是，对志愿者实名登记。慈善组织对志愿者实名登记时，一般应登记志愿者的姓名、性别、年龄、身份证号码、专业特长、可提供服务时间、联系方式等信息；根据慈善服务的需要，还可以登记志愿者的民族、政治面貌、学历、居住区域、从业状况、服务区域等信息。对此，2020年民政部颁布的《志愿服务记录与证明出具办法（试行）》第五条规定，志愿者的个人基本信息，包括姓名、性别、出生日期、身份证件号码、居住区域、联系方式、专业技能和服务类别等。第六条规定，志愿者的个人基本信息，可以由志愿者本人在志愿服务信息系统录入；经志愿者同意后，也可以由志愿服务组织录入。志愿者提供的个人基本信息应当真实、准确、完整。志愿服务组织发现志愿者的个人基本信息有明显错误、缺漏，或者与实际情况不一致的，应当要求志愿者修改、补充。

二是，记录志愿者的服务时间、内容、评价等信息。慈善组织开展志愿服务记录工作，要注意以下几个方面的问题：一是记录主体。要把握"谁组织谁记录"的原则，慈善组织招募使用志愿者开展慈善服务，就应该由慈善组织对志愿者的服务情况进行记录，不能由其他组织或个人记录。二是记录内容。按照《志愿服务记录与证明出具办法（试行）》的规定，慈善组织应当记载志愿者的志愿服务信息、培训信息、表彰奖励信息、评价信息等内容。其中，志愿者的志愿服务情况，包括志愿者参加志愿服务活动的名称、日期、地点、服务内容、服务时间、活动组织单位和活动负责人；志愿者的培训情况，包括志愿者参加志愿服务有关培训的名称、主要内容、学习时长、培训举办单位和日期等信息；志愿者的表彰奖励情况，包括志愿者获得志愿服务表彰奖励的名称、日期和授予单位；志愿者的评价情况，包括对志愿者的服务质量评价以及评价日期。三是服务时间计算。志愿者参与不同的志愿服务项目只是服务分工不同，每个志愿者付出的时间是同等的，其时间记录不应区别对待。慈善组织应以小时为计量单位，记录志愿者实际提供志愿服务的时间。《志愿服务记录与证明出具办法（试行）》规定，服务时间是指志愿者参与志愿服务实际付出的时间，以小时为计量单位。志愿服务组织应当根据志愿服务活动的实际情况，科学合理确定服务时间。四是记录转移和共享。随着志愿者在全国各地以及不同组织之间流动机会的不断增多，志愿服务记录转移和共享工作，对保持志愿服务记录连续性、完整性显得尤为重要。实践中，在志愿者要求开具志愿服务证明和星级评定工作中，为了获得完整服务记录，慈善组织也需要通过信息系统等平台进行志愿服务记录的转移和共享。

82 慈善组织如何合理安排志愿者参与慈善服务？

答：慈善组织作为慈善活动的规划、指导和调动者，应当合理安排和指导志愿者参与慈善服务，即安排志愿者从事与其年龄、文化程度、技能和身体状况相适应的活动，不得要求志愿者提供超出其能力的志愿服务。例如，根据慈善法第六十四条、《志愿服务条例》第十六条等有关规定，开展专业志愿服务活动，应当执行国家或者行业组织制定的标准和规程，法律、行政法规对开展志愿服务活动有职业资格要求的，志愿者应当依法取得相应的资格。同时，志愿服务安排通常并不是一次性的临时行动，慈善组织有责任不断跟踪了解志愿者服务情况、遵守组织管理规定和程序情况以及风险防范、安全保障等情况，根据条件的变化，及时对志愿者的安排作出调整。

此外，慈善组织在安排志愿者参与慈善服务时，除了要考虑其年龄、文化程度、技能和身体状况等因素，必要时还要根据服务具体情况对志愿者的犯罪记录、学习情况、工作经历等进行了解考察，有不良记录的志愿者要限制其参加相关的慈善服务或从事相应的岗位。例如，有经济不良行为的志愿者，在参与慈善服务时不适宜从事与财产物资管理、发放有关的岗位；驾驶记录较差的志愿者，不适宜从事车辆驾驶的岗位；开展密切接触未成年人的慈善服务时，不适宜安排有性侵害、虐待、拐卖、暴力伤害等违法犯罪记录的志愿者参与相关活动。

83 志愿者参与慈善服务应当履行什么义务?

答: 一是,服从管理。《志愿服务条例》第二十二条第二款规定,志愿者应当按照约定提供志愿服务。志愿者因故不能按照约定提供志愿服务的,应当及时告知志愿服务组织或者志愿服务对象。实践中,慈善组织安排志愿者参与的慈善服务,是有组织、有计划、有目标的慈善活动,这些服务有时有较高风险。慈善组织通过建立风险评估机制,对每个环节、每个岗位可能发生的风险进行评估,制订有针对性的服务计划和风险防范预案。这些计划、目标、方案的实施,需要参与的志愿者按照慈善组织的管理和安排,各司其职,协作配合,共同完成。同时,志愿者只有在慈善组织安排下,从事时间、地点、对象和内容已经规定了的慈善服务,才能被认定为是参与该组织的慈善服务,享受相应的权益保障和支持,由此产生的法律上的各种后果才能被慈善组织认可与接受。

二是,接受必要的培训。接受必要的培训是志愿者接受慈善组织管理的基本要求,同时,对志愿者开展培训也是慈善组织必须履行的职责和义务。慈善法第六十四条第二款规定："慈善组织招募志愿者参与慈善服务，需要专门技能的，应当对志愿者开展相关培训。"

84 慈善组织应当如何保护志愿者合法权益和人身安全？

答：一是，提供必要的条件。为解决志愿者在志愿服务过程中遇到的困难，更好地提供志愿服务，慈善组织应当根据志愿服务的具体内容，为志愿者参与慈善服务提供必要条件，如专门培训、交通通讯、餐饮住宿、服装标识、医疗药品、必备工具、购买保险、安全保障等。慈善组织应当保障志愿者参与慈善服务时的合法权益。志愿者的合法权益，除民事主体所具有的人身权、财产权等基本权利外，还包括有权自愿参加慈善服务，有权拒绝提供超出其自身能力或者约定范围的慈善服务；获得慈善服务真实、准确、完整的信息；获得慈善服务所需的教育和培训；获得从事慈善服务必要的条件和安全保障；请求慈善组织帮助解决在慈善服务期间遇到的实际困难；对慈善组织提出建议和意见；要求慈善组织出具志愿服务记录证明等权利。

二是，为志愿者购买人身意外伤害保险。中央及有关部门文件对为志愿者购买保险作出了相关规定。例如，中央精神文明建设指导委员会《关于深入开展志愿服务活动的意见》、《关于推进志愿服务制度化的意见》要求应当根据需要为志愿者购买必要的保险；公安部、国家发展和改革委员会、民政部、财政部、人力资源和社会保障部《关于积极促进志愿消防队伍发展的指导意见》鼓励志愿消防队参照政府专职消防队员标准，为志愿消防员办理人身意外伤害保险；教育部印发的《学生志愿服务管理暂行办法》规定，学校组织开展志愿服务，必要时要为学生购买或者要求服务对象购买相关保险。学生自行开展志愿服务，学校应要求学生做好风险防控，必要时购买保险。

85 | 发生重大突发事件需要迅速开展救助时，人民政府应当如何处理？

答：一是，政府应当依法建立协调机制。突发事件的预防、处置需要多个部门的合作，形成合力，不能依靠一家单打独斗，因此有必要建立协调机制。慈善法明确规定，发生重大突发事件需要迅速开展救助时，履行统一领导职责或者组织处置突发事件的人民政府应当依法建立协调机制。

建立协调机制的主体是"履行统一领导职责或者组织处置突发事件的人民政府"。突发事件发生后，履行统一领导职责或者组织处置突发事件的人民政府应当采取多种应对措施，如建立协调机制、组织营救和救治受害人员、封锁危险场所、抢修公共设施等。慈善力量在突发事件应对中可能参与应急处置与救援、事后恢复与重建等，为保证突发事件应对的有序有效，强化政府领导、指导应急慈善活动的责任，慈善法明确由履行统一领导职责或者组织处置突发事件的人民政府依法建立协调机制，明确专门机构和人员。

二是，有序引导社会力量开展募捐和救助活动。应急慈善协调机制的职责包括两个方面：一方面是提供需求信息。发生突发事件的地区需要的食品、饮用水、衣被、取暖、临时住所、医疗防疫等方面的物资以及医疗卫生等方面的专业人员需求信息等，应当及时向社会发布，引导社会捐赠和志愿者提供必要的救助服务。另一方面是及时有序地引导慈善组织、志愿者等社会力量开展募捐和救助活动。救助工作不仅涉及政府部门，而且需要社会方方面面的支持和参与。但救助需要统一领导和组织实施，志愿者无序涌入后，盲目施救，效果不会太理想。因此，慈善法将"及时有序引导开展募捐和救助活动"作为一项政府的义务加以规定，目的就是要减少这种无序，使得募捐和救助活动更加科学、高效、有序。

86 对慈善组织、慈善行业组织建立应急机制的要求是什么？

答：国家鼓励慈善组织、慈善行业组织建立应急机制，主要目的是加强信息共享、协商合作，提高慈善组织运行和慈善资源使用的效率。

一是，鼓励慈善组织建立应急机制，发挥作用。慈善组织的应急机制包括慈善组织本身，慈善组织之间的协同配合机制，慈善组织与政府之间的协作机制以及慈善组织与企业、媒体等外部组织之间的协调合作。应急状态下，慈善组织之间需要进行合作，互通有无、相互协调，这样才能确保慈善活动有序和高效运作。同时，在应对突发公共事件中，引入企业等外部力量也是提升慈善组织应急能力的有效措施。除此之外，面对突发事件发生后的各种谣言，慈善组织也应加强与专业媒体的互动与合作，及时辟谣，缓解舆情危机。所以，慈善组织的应急机制也要包括与政府以外的社会主体之间的联动机制，加强信息共享、协商合作，提高慈善组织运行和慈善资源使用的效率。

二是，鼓励慈善行业组织建立应急机制，发挥作用。慈善法规定鼓励发挥慈善行业组织在突发事件应对中的行业引领和统筹协调作用，一方面加强慈善行业应急资源整合与行业统筹，制订应急处突预案，组织开展应急处突演练，建立应急状态下的慈善需求信息发布与数据跟踪以及物资接收、仓储、物流、调配等工作机制，提升慈善组织应急救助能力和专业水平；另一方面积极发挥慈善行业组织与政府对接的参与、沟通等作用，降低沟通协调成本、提高工作效率。

87 慈善组织和志愿者应当如何开展或者参与应急慈善活动？

答：一是，鼓励慈善组织在有关人民政府的协调引导下依法开展或者参与慈善活动。慈善组织分为不同的类型，其擅长或者专长的领域不同。从参与突发事件的处置实践来看，一方面慈善组织的参与主要集中在开展募捐和救助活动，慈善服务的组织动员不足。另一方面突发事件发生时，慈善组织基于热情和担当，踊跃参与现场应急救援，这也会导致突发事件现场慈善组织比较集中，秩序较难维护。同时，一些慈善组织管理者的专业知识或决策能力不足，在应对工作中可能会较为被动。鼓励慈善组织在有关人民政府的协调引导下依法开展或者参与慈善活动，主要是为了充分发挥不同慈善组织的作用，使其有序参与突发事件处置，提高处置效率。

二是，鼓励志愿者在有关人民政府的协调引导下依法开展或者参与慈善活动。由于突发事件的特殊性，初期无法建立志愿服务协调机制，志愿者一般不能被纳入当地防控机制，难以参与组织化、规范化的志愿服务活动，不仅会面临较大的人身安全风险，也无法得到系统、有效的业务指引和关爱保障。同时，《志愿服务条例》也规定，志愿服务组织、志愿者开展应对突发事件的志愿服务活动，应当接受有关人民政府设立的应急指挥机构的统一指挥、协调。因此，从法定要求与实践需求看，都需要有关人民政府的协调引导，统筹和组织管理志愿服务力量，有效发挥其在应对突发事件中的积极作用。

三是，鼓励其他主体在有关人民政府的协调引导下依法开展或者参与慈善活动。根据以往应对突发事件的工作经验，突发事件发生初期，许多慈善组织以外的其他社会组织、企业、个人等大多是自发地、分散地、随机性地参与应急工作，既无必要的物资保障和安全防护，面临人身等方面的风险，也无规范系统的指导和统筹协调，有可能影响突发事件处置的正常秩序，其应有作用也没有得以最大化发挥。因此，慈善组织、志愿者之外参与应急救助的主体，也要在有关人民政府的协调引导下依法开展或者参与慈善活动。

88 为应对重大突发事件开展公开募捐的，接收、分配或者使用募得款物应当遵守哪些要求？

答： 一是，及时分配或者使用募得款物。募得款物中有受突发事件影响的人民群众急需的物资等，将社会捐赠的急需物资及时送到受益人手中，是应对突发事件开展公开募捐的必然要求。实践中，在重大突发事件应对期间，存在捐赠款物发放迟缓、资源错配和浪费等情况，引发社会不满和负面舆情。开展公开募捐的慈善组织和其他非营利性组织应当做好统筹应对，确保其有能力完成及时分配、使用募得款物的要求，不得盲目开展公开募捐。

二是，在应急处置与救援阶段至少每五日公开一次募得款物的接收情况，及时公开分配、使用情况。在应急处置与救援阶段募得款物的接收情况的公开有时间和频次的要求，即至少每五日公开一次，实践中可以少于五日公开一次，倡导在条件允许的情况下提高公开的频次，增加透明度。至于募得款物的分配、使用情况，慈善法要求及时公开，但未规定具体的时限，主要考虑是在应急处置与救援阶段，慈善组织和其他非营利组织的主要任务是及时分配、使用募得款物，按照法定频次公布分配、使用情况的可操作性较低，且大部分募得款物实际是在灾后恢复与重建阶段使用，因此慈善法没有对分配、使用募得款物情况的公开时间作出具体限定，各地在实践操作中可根据突发事件情况具体确定。

89 为应对重大突发事件开展公开募捐的，募捐方案何时备案？

答：通常情况下，开展公开募捐活动，应当依法制定募捐方案，并在开展公开募捐活动的十日前将募捐方案报送办理其登记的民政部门备案。突发事件具有突然性、紧急性等特点，重大突发事件发生后，一方面，临时开展募捐活动的情形较多，也会更加频繁，而有的地方甚至出现断水断电、通讯交通不便等极端情况，如果要求公开募捐主体在公开募捐活动十日前将募捐方案进行备案，则大大降低了公开募捐的时效性，与现实需要不符；另一方面，有的地方民政部门慈善事业管理岗位人员普遍偏少，工作力量薄弱，尤其在突发事件应对中，民政部门往往要承担更多的任务，难以按照事先备案的工作方式对募捐活动进行监管。重大突发事件下慈善工作必须符合应急处突工作的特殊需要，突出效率导向，注重实施效果。因此，慈善法适当调整了募捐方案事前备案的要求，作出了事后备案的特殊规定。

根据慈善法的规定，为应对重大突发事件开展公开募捐，无法在募捐活动开始前办理募捐方案备案的，应当在募捐活动开始后十日内补办备案手续。此处的"活动"是指公开募捐活动，定向募捐不适用慈善法关于补办备案手续的规定。补办募捐方案备案手续的时间并不是无限制的，只能在公开募捐活动开始后十日内补办。如果十日内没有补办备案手续的，则要与未依法报备募捐方案的情形一样，由民政部门予以行政处罚。除适当放宽募捐方案备案时间的要求外，慈善法及相关法规规章规定的关于募捐方案备案的其他要求仍然应当遵守，包括募捐方案的内容、备案的程序、备案部门等。

90 各级人民政府、村民委员会、居民委员会如何支持开展应急慈善活动？

答：一是，政府及其有关部门应当为捐赠款物分配送达提供便利条件。慈善法明确县级以上人民政府及其有关部门应当为捐赠款物分配送达提供便利条件，具体包括制度层面、实际执行层面以及对分配送达工作进行指导。制度层面，政府及其有关部门可以通过出台相关政策进行支持。政府及其有关部门可以通过健全慈善信息共享机制，为慈善组织等参与捐赠款物分配送达的主体摸清一线的需求信息，及时了解有关救助工作的动态信息，加快捐赠款物更加合理地分配送达。执行层面，政府及其有关部门可以建立统一的接收捐赠与需求信息平台，按需分配善款善物，提高慈善资源的使用效率。

二是，乡级人民政府、街道办事处和村居委员会提供力所能及的帮助。在突发事件应对中，乡级人民政府、街道办事处和村民委员会、居民委员会，可以利用其接近人民群众的便利条件，准确了解社区重点人员、重点机构、重点场所的基本情况，掌握辖区内机构和人员对捐赠款物的需求等，快速发放捐赠物资等群众急需的物资，因此，具备为分配送达、信息统计等提供帮助的能力和条件。同时，乡级人民政府、街道办事处和村居委员会在突发事件应对中还需要承担应急救援、转移安置人员等其他各项职责。因此，慈善法规定由其提供力所能及的帮助。

91 | 国务院民政部门建立的统一的慈善信息平台主要发布哪些信息？

答：2017年9月，全国慈善信息公开平台（"慈善中国"）正式开通。该平台由国务院民政部主管，开通了公开和查询慈善组织信息、慈善信托信息、募捐方案备案情况、慈善项目进展情况、慈善组织年报、互联网公开募捐信息平台名单等功能，提供免费的慈善信息发布服务。

一是，民政部门应当在"慈善中国"上及时公布慈善信息。县级以上人民政府民政部门在履行职责过程中通过制作或者获取，并以一定形式记录、保存，形成了与慈善组织、慈善活动有关的政府信息。由于慈善涉及广大社会公众利益，与慈善相关的政府信息具有很强的公共性，因此及时向社会公开慈善信息是县级以上人民政府民政部门的法定义务。

二是，慈善组织和慈善信托的受托人应当在"慈善中国"上发布慈善信息。慈善组织和慈善信托的受托人开展慈善活动、履行法律规定的信息公开义务，都需要通过互联网发布相关信息。慈善法明确规定，慈善组织和慈善信托的受托人应当在民政部建立的统一的慈善信息平台上发布慈善信息。除了应当在"慈善中国"上发布慈善信息外,慈善组织、慈善信托的委托人也可以在其他平台上发布信息。例如,慈善组织可以在其网站上发布慈善信息,也可在门户网站、自媒体平台、学术期刊上发布慈善信息。此外,慈善组织和慈善信托的受托人作为信息发布的责任主体,按照"谁发布谁负责"的原则,应当对其发布的慈善信息的真实性负责。如果慈善组织和慈善信托的受托人发布了虚假、伪造、编造的慈善信息,应当承担法律责任。

92 民政等有关部门应当主动向社会公开哪些慈善信息？

答：（1）慈善组织登记事项。包括但不限于慈善组织的名称、组织形式、登记管理机关、业务主管单位、统一社会信用代码、设立宗旨、业务范围、法定代表人、成立时间、联系方式、住所、是否具有公开募捐资格，以及行政法规规定的其他属于登记事项的信息。（2）慈善信托备案事项。包括但不限于委托人及受托人的登记事项、信托文件、受托人变动情况、信托事务处理情况及财务状况等。（3）具有公开募捐资格的慈善组织名单。根据《慈善组织公开募捐管理办法》的规定，民政部门对符合条件的慈善组织，发给公开募捐资格证书，并依法公示具有公开募捐资格的慈善组织名单。（4）具有出具公益性捐赠税前扣除票据资格的慈善组织名单。《财政部、税务总局、民政部关于公益性捐赠税前扣除有关事项的公告》规定，财政部、税务总局和民政部联合确定具有公益性捐赠税前扣除资格的社会组织名单，并发布公告。（5）对慈善活动的税收优惠、资助补贴等促进措施。财政、税务、民政等有关部门对慈善活动制定的有关税收优惠、资助补贴的具体政策。(6)向慈善组织购买服务的信息。根据《政府购买服务管理办法》的规定,政府购买服务的具体范围和内容实行指导性目录管理,指导性目录依法予以公开。(7)对慈善组织、慈善信托开展检查、评估的结果。民政部门依法对慈善组织、慈善信托开展检查,组织第三方评估,有关结果要向社会进行公开。其他有关部门依法对慈善组织、慈善信托开展专项检查,进行专项评估也要公开有关结果。(8)对慈善组织和其他组织以及个人的表彰、处罚结果。政府部门在慈善领域开展的对慈善组织和其他组织、个人的表彰,以及对慈善组织和其他组织做出的行政处罚等要向社会进行公开。(9)法律法规规定应当公开的其他信息。不属于上述信息,但又在有关法律法规中明确要求要公开的也需要公开。

93 慈善组织应当向社会公开的信息有哪些?

答: 一是,慈善组织应当公开组织章程和决策、执行、监督机构成员信息。慈善组织应当有组织章程,这是成为慈善组织的条件之一。慈善法规定,慈善组织的章程,应当符合法律法规的规定,并载明下列事项:(1)名称和住所;(2)组织形式;(3)宗旨和活动范围;(4)财产来源及构成;(5)决策、执行机构的组成及职责;(6)内部监督机制;(7)财产管理使用制度;(8)项目管理制度;(9)终止情形及终止后的清算办法;(10)其他重要事项。慈善组织向社会公开的章程内容,至少应当包含上述事项。

二是,国务院民政部门要求公开的其他信息。根据《慈善组织信息公开办法》,慈善组织还需要公开下设的办事机构、分支机构、代表机构、专项基金和其他机构的名称、设立时间、存续情况、业务范围或者主要职能;发起人、主要捐赠人、管理人员、被投资方以及与慈善组织存在控制、共同控制或者重大影响关系的个人或者组织;本组织的联系人、联系方式，以本组织名义开通的门户网站、官方微博、官方微信或者移动客户端等网络平台；本组织的信息公开制度、项目管理制度、财务和资产管理制度；重大资产变动及投资、重大交换交易及资金往来、关联交易行为等情况。慈善组织作为慈善信托的受托人的，还应当根据相关规定公开慈善信托的有关信息。

三是，慈善组织应当每年公开其年度工作报告和财务会计报告。慈善法第十三条规定了慈善组织年度工作报告和财务会计报告应当包括的内容。这些信息直接与捐赠人、受益人、社会公众的利益密切相关，是社会各界关注的焦点，也是判定慈善组织是否履行宗旨、运转是否良好的依据。慈善组织应当将上述信息真实、完整、及时地向社会公开。此外，具有公开募捐资格的慈善组织的财务会计报告在公开之前，必须先进行审计。

94 | 对具有公开募捐资格的慈善组织的信息公开有哪些特殊要求？

答：一是，信息公开的内容要求。(1) 公开募捐情况。在募捐开始前，具有公开募捐资格的慈善组织须公开以下信息：慈善组织的名称、住所、宗旨和活动范围等组织信息，以及公开募捐资格、募捐目的、募款用途、募捐的起止时间、募得款物的使用计划、接受捐赠方式、联系方式等其他信息。具有公开募捐资格的慈善组织在募捐结束后，须向社会全面公开关于募捐情况的信息，包括受赠款物构成、受赠数额、捐赠人、是否向捐赠人开具票据以及募捐成本等与募捐相关的信息。(2) 项目实施情况。根据《慈善组织信息公开办法》的规定，应当公开的慈善项目实施情况包括项目名称、项目内容、实施地域、受益人群、来自公开募捐和其他来源的收入、项目的支出情况，项目终止后有剩余财产的还应当公开剩余财产的处理情况。

二是，信息公开的时间要求。根据慈善法的规定，一方面，慈善组织应当定期向社会公开其募捐情况和慈善项目实施情况。另一方面，对于具体的公开募捐和慈善项目，慈善法还进一步规定了明确的信息公开时限，要求公开募捐活动结束后三个月内应当公开募捐情况，如果公开募捐周期超过六个月的，在募捐活动结束前，至少每三个月还要公开一次募捐情况；同时，慈善项目结束后三个月内应当公开项目实施情况和募得款物使用情况，实施周期超过六个月的，还应当至少每三个月公开一次项目实施情况。

三是，信息公开的对象。慈善法规定具有公开募捐资格的慈善组织其信息公开的对象是社会公众，这是由其募捐对象所决定的。具有公开募捐资格的慈善组织面向社会公众开展募捐，不特定的社会公众均有可能为捐赠人。因此，相关信息必须向社会公众公开，社会公众有权对捐赠的情况和受赠财产的使用、管理情况进行监督。

95 开展定向募捐的慈善组织应当向捐赠人告知哪些信息？

答：根据慈善法第二十九条的规定，慈善组织开展定向募捐，应当向募捐对象说明募捐目的、募得款物用途等事项。捐赠人在了解并接受该募捐目的、募得款物用途后，自愿捐赠款物。因此，定向募捐的捐赠人捐赠款物时，意味着其与慈善组织就募捐目的、募捐款物用途达成合意，由慈善组织按照告知的用途使用该款物。在定向募捐进行过程中和使用募得款物的过程中，慈善组织有义务及时告知募捐情况、募得款物的管理使用情况，方便捐赠人对定向募捐情况进行监督。其中，募捐情况主要包括募捐开始前需要告知的募捐目的、募得款物用途、募捐的起止时间、接受捐赠方式、联系方式、募得款物的使用计划等，以及募捐结束后需要告知的募得款物的构成、受赠数额、捐赠人、是否向捐赠人开具票据以及募捐成本等全部募捐情况。募得款物的管理使用情况主要包括募得款物的管理费用、保值增值情况、包括物资采集和人力成本等在内的项目实施成本、项目实施进度、是否按规定或捐赠协议约定的用途使用捐赠财产等信息。

96 慈善组织、慈善信托的受托人应当向受益人告知哪些信息？

答：(1) 资助标准。慈善组织和慈善信托的受托人在项目开始前即应确定对受益人的资助标准，而且对每个受益人的具体获助数额应是确定的，慈善组织和慈善信托的受托人应严格依据资助标准对受益人进行资助，不能随意更改标准，更不能侵占、私分、截留或挪用捐赠款项。按照程序确定了项目受益人后，慈善组织和慈善信托的受托人应将资助标准准确、全面、及时告知受益人。(2) 工作流程。工作流程一般包括项目运作步骤、实施进度安排等。受益人了解工作流程，有利于对何时获得资助形成合理的预期，同时也有利于监督慈善项目的进展情况，慈善组织和慈善信托的受托人不得借故推辞，更不能隐瞒不告知。(3) 工作规范。慈善组织和慈善信托的受托人要建立相应的管理制度和内部控制机制，明确行为准则，规范项目运作。例如，要对捐赠财产的管理使用予以规范，防止侵占、私分、截留、挪用的情形；要对捐赠程序予以规范，不能未经慈善组织履行接收、审批和发放程序就由捐赠人直接转移给受益人或者其他第三方等。工作规范是慈善组织和慈善信托的受托人对相关法律法规的进一步细化，告知项目受益人相关工作规范，有利于督促慈善项目更合规合理地管理和运作。

97 哪些慈善相关信息不能公开？

答：一是，涉及国家秘密、商业秘密、个人隐私的信息不得公开。(1) 国家秘密。保守国家秘密是法律赋予所有组织及个人的法律义务。依据《中华人民共和国保守国家秘密法》的规定，国家秘密是关系国家安全和利益，依照法定程序确定，在一定时间内只限一定范围的人员知悉的事项。(2) 商业秘密。依据《中华人民共和国反不正当竞争法》的规定，商业秘密是指不为公众所知悉、具有商业价值并经权利人采取相应保密措施的技术信息、经营信息等商业信息。捐赠时涉及商业秘密的情形有很多，如捐赠人在向慈善组织捐赠时，尤其是企业在捐赠本企业生产的物品时，可能会告知慈善组织所捐赠物品的成本价以及销售价格，这些信息便可能是捐赠企业的商业秘密，慈善组织在信息公开时须进行判断和准确把握，无法自行判断时应征求捐赠人的意见。(3) 个人隐私。《中华人民共和国民法典》第一千零三十二条规定，自然人享有隐私权。任何组织或者个人不得以刺探、侵扰、泄露、公开等方式侵害他人的隐私权。隐私是自然人的私人生活安宁和不愿为他人知晓的私密空间、私密活动、私密信息。

二是，捐赠人、慈善信托的委托人不同意公开自己的姓名、名称、住所、通讯方式等信息的，不得公开。《中华人民共和国民法典》规定，自然人的个人信息受法律保护。个人信息是以电子或者其他方式记录的能够单独或者与其他信息结合识别特定自然人的各种信息，包括自然人的姓名、出生日期、身份证件号码、生物识别信息、住址、电话号码、电子邮箱、健康信息、行踪信息等。捐赠人、慈善信托的委托人的姓名、名称、住所、通讯方式等信息，在特定环境或语境下，可以认定为捐赠人、慈善信托的委托人的隐私或具有价值的商业信息，捐赠人、慈善信托的委托人明确表示不愿意公开上述信息的，慈善组织应尊重捐赠人、慈善信托的委托人的意愿，不得公开上述信息。

98 县级以上人民政府在促进慈善事业发展方面应当履行哪些职责？

答：一是，应当将慈善事业纳入国民经济和社会发展规划，制定促进政策和措施。国民经济和社会发展规划是全国或者某一地区经济、社会、文化发展的总体纲要，统筹安排和指导全国或者某一地区的社会、经济、文化建设工作，是具有战略意义的指导性文件。因此，政府应当将慈善事业纳入国民经济和社会发展规划，促进慈善事业发展。此外，政府制定促进慈善事业健康发展的政策和措施的范围，既包括政府出台的综合性政策文件和措施，也包括财政、税务、土地、金融等部门出台的税收优惠政策。

二是，应当提供慈善需求信息，为慈善活动提供指导和帮助。县级以上人民政府及其有关部门应当在各自职责范围内，以多种方式向慈善组织、慈善信托受托人等提供慈善需求信息，便于慈善资源供需对接。慈善组织等慈善参与者开展和参与慈善活动，可能存在相关政策掌握不够、业务能力有待进一步提升等问题。政府有关部门要提高服务意识，为慈善活动提供政策、业务等方面的指导和帮助，使其依法合规有序开展慈善活动。

99 政府有关部门之间如何共享慈善信息？

答：慈善信息是指开展慈善活动、进行慈善事业监督管理过程中产生的信息。除民政部门外，财政、税务、金融监管、海关、住房和城乡建设、卫生健康、应急管理、教育、人力资源和社会保障、文化、科技、生态环境、网信、审计、新闻出版、广电等部门，也会在各自职责范围内获取一定的慈善信息。建立民政部门与其他部门之间的慈善信息共享机制，有利于形成对慈善事业监督管理的合力，有利于提高政府服务效率、质量与决策水平，有利于提高慈善资源使用效益、促进我国慈善事业健康发展。民政部门可就如下事项加强与有关部门的信息共享：慈善组织登记管理，慈善信托备案管理，慈善组织公开募捐资格，慈善组织税收优惠，慈善组织公益性捐赠税前扣除资格，对慈善组织、慈善信托开展检查、评估的结果等。其他有关部门应在职责范围内，积极进行慈善信息共享。

部门间信息共享有多种方式。例如，根据《关于对慈善捐赠领域相关主体实施守信联合激励和失信联合惩戒的合作备忘录》的规定，民政部和其他有关部门通过全国信用信息共享平台向签署本备忘录的相关部门提供守信联合激励与失信联合惩戒的名单及相关信息，并按照有关规定动态更新。同时，在"信用中国"网站、"慈善中国"网站、国家企业信用信息公示系统、民政部门户网站等向社会公布。各部门从全国信用信息共享平台中获取守信联合激励与失信联合惩戒信息，执行或协助执行本备忘录规定的激励和惩戒措施，定期将联合激励与惩戒实施情况通过该系统反馈给国家发展改革委和民政部。

100 慈善事业是否享受税收优惠措施？

答：税收优惠政策被认为是提高社会公众进行慈善捐赠、设立慈善信托积极性的最主要措施之一，对慈善事业实施税收优惠政策是各国促进慈善事业发展的重要手段之一。我国一直对慈善事业采取多种税收优惠政策。例如，企业、个人的慈善捐赠在计算应纳税所得额时予以扣除，非营利组织的收入为免税收入，慈善捐赠物资免征进口关税和进口环节增值税，非营利性的学校、医疗机构、社会福利机构承受土地、房屋权属用于办公、教学、医疗、科研、养老、救助免征契税，财产所有权人将财产赠与政府、学校、社会福利机构、慈善组织书立的产权转移书据免征印花税等。

101 慈善组织是否享受税收优惠？

答：慈善组织及其取得的收入依法享受税收优惠。

一是，所得税优惠。目前，我国对慈善组织的税收优惠政策主要体现在"收入"方面，包括"不征税收入"和"免税收入"。关于不征税收入，《中华人民共和国企业所得税法》第七条规定，收入总额中的下列收入为不征税收入：（1）财政拨款；（2）依法收取并纳入财政管理的行政事业性收费、政府性基金；（3）国务院规定的其他不征税收入。根据上述规定，慈善组织获得的财政拨款、行政事业性收费、政府性基金等合法收入在计算收入总额时直接作为不征税收入，不计入企业应纳税所得额中。关于免税收入，根据《中华人民共和国企业所得税法》的规定，符合条件的非营利组织的收入为免税收入，免征企业所得税。《财政部、国家税务总局关于非营利组织企业所得税免税收入问题的通知》规定，符合条件的非营利组织企业所得税免税收入范围包括：（1）接受其他单位或者个人捐赠的收入；（2）除《中华人民共和国企业所得税法》第七条规定的财政拨款以外的其他政府补助收入，但不包括因政府购买服务取得的收入；（3）按照省级以上民政、财政部门规定收取的会费；（4）不征税收入和免税收入孳生的银行存款利息收入；（5）财政部、国家税务总局规定的其他收入。

二是，其他税收优惠。国家对慈善活动采取的各项税收优惠措施较为全面，尤其是 2008 年以来，进一步加大了对捐赠活动的税收优惠力度，有力推动公益慈善事业发展。从优惠税种来看，除所得税优惠措施外，也涉及土地和房屋契税、城镇土地使用税、土地增值税等多个方面。例如《中华人民共和国契税法》第六条中规定，有下列情形之一的，免征契税：（一）国家机关、事业单位、社会团体、军事单位承受土地、房屋权属用于办公、教学、医疗、科研、军事设施；（二）非营利性的学校、医疗机构、社会福利机构承受土地、房屋权属用于办公、教学、医疗、科研、养老、救助。

102 慈善捐赠是否享受税收优惠？

答：自然人、法人和非法人组织捐赠财产用于慈善活动的，依法享受税收优惠。

一是，慈善捐赠依法享受所得税优惠。（1）企业慈善捐赠支出的税前扣除。根据慈善法和《中华人民共和国企业所得税法》的规定，企业发生的公益性捐赠支出，在年度利润总额12%以内的部分，准予在计算应纳税所得额时扣除；超过年度利润总额12%的部分，准予结转以后三年内在计算应纳税所得额时扣除。（2）个人慈善捐赠支出的税前扣除。根据《中华人民共和国个人所得税法》的规定，个人将其所得对教育、扶贫、济困等公益慈善事业进行捐赠，捐赠额未超过纳税人申报的应纳税所得额30%的部分，可以从其应纳税所得额中扣除；国务院规定对公益慈善事业捐赠实行全额税前扣除的，从其规定。《中华人民共和国个人所得税法实施条例》第十九条规定，《中华人民共和国个人所得税法》第六条第三款所称个人将其所得对教育、扶贫、济困等公益慈善事业进行捐赠，是指个人将其所得通过中国境内的公益性社会组织、国家机关向教育、扶贫、济困等公益慈善事业的捐赠；所称应纳税所得额，是指计算扣除捐赠额之前的应纳税所得额。（3）须向具有公益性捐赠税前扣除资格的公益性社会组织捐赠。在慈善捐赠活动中，捐赠人必须向具有公益性捐赠税前扣除资格的公益性社会组织进行捐赠，才能享有国家规定的税收优惠。

二是，慈善捐赠依法享受其他税收优惠。慈善捐赠除享受所得税税收优惠外，还可能享受其他税种方面的优惠。（1）印花税。根据《中华人民共和国印花税法》第十二条的规定，财产所有权人将财产赠与政府、学校、社会福利机构、慈善组织的，免征印花税。（2）增值税。依照财政部、国家税务总局印发的《营业税改征增值税试点实施办法》的规定，单位和个体工商户无偿提供的服务和无偿转让无形资产或者不动产，以公益活动为目的或者以社会公众为对象的，不征收增值税。此外，符合条件的扶贫货物捐赠等免征增值税。此外，还有进口环节关税、增值税等。

三是，境外向国内慈善活动捐赠物资，减免进口关税和进口环节增值税。《中华人民共和国归侨侨眷权益保护法》规定，归侨、侨眷境外亲友捐赠的物资用于国内公益事业的，依照法律、行政法规的规定减征或者免征关税和进口环节的增值税。《中华人民共和国公益事业捐赠法》规定，境外向公益性社会团体和公益性非营利的事业单位捐赠的用于公益事业的物资，依照法律、行政法规的规定减征或者免征进口关税和进口环节的增值税。财政部、海关总署、税务总局《慈善捐赠物资免征进口税收暂行办法》规定，对境外捐赠人无偿向受赠人捐赠的直接用于慈善事业的物资，免征进口关税和进口环节增值税，并明确了捐赠物资种类、免税手续等。属于境外捐赠人无偿向受赠人捐赠的直接用于慈善事业的物资，由受赠人向海关申请办理减免税手续，海关按规定进行审核确认。经审核同意免税进口的捐赠物资，由海关按规定进行监管。

103 | 慈善信托是否享受税收优惠？

答：国家对慈善事业实施税收优惠政策，慈善信托也应当享受税收优惠政策。但考虑到慈善信托乃至信托制度的一些理论问题仍存在争议，实践中对慈善信托的相关探索也不够充分，制定关于慈善信托的统一、明确、具体的税收优惠政策还缺乏相关基础，因此，慈善法没有作出更加细化的规定。但这并不意味着慈善信托税收优惠政策不能落地实施，有关部门和地方在实践中可以结合本部门或者本地区的实践，进一步探索实施慈善信托的税收优惠政策，待条件成熟后再行上升为法律规定。

104 受益人是否享受税收优惠？

答：一是，慈善捐赠的受益人是个人。《中华人民共和国个人所得税法》第二条第一款规定了应当缴纳个人所得税的个人所得，包括工资、薪金所得，劳务报酬所得，稿酬所得，特许权使用费所得，经营所得，利息、股息、红利所得，财产租赁所得，财产转让所得和偶然所得。其中不包括个人接受慈善捐赠所得。因此，个人作为慈善活动的受益人，尤其是作为慈善捐赠的受捐赠人，所获得的捐赠收入不计入个人应纳税所得，无须缴纳个人所得税。

二是，慈善捐赠的受益人是学校等事业单位、社会团体等。根据《中华人民共和国企业所得税法》及其实施条例的规定，依照中国法律、行政法规在中国境内成立的企业、事业单位、社会团体以及其他取得收入的组织属于企业所得税的纳税主体，同时，根据《中华人民共和国企业所得税法》第二十六条的规定，如果接受慈善捐赠的学校等事业单位、社会团体等，属于符合条件的非营利组织，则其收入为免税收入，如果是作为受益人获得的慈善捐赠收入，也当然属于免税收入。

三是，慈善捐赠的受益人是企业。根据《中华人民共和国企业所得税法》第六条的规定，企业作为受益人，所接受的捐赠收入并不当然享受税收优惠。企业接受的来自其他企业、组织或者个人无偿给予的货币性资产、非货币性资产，应当依法缴纳企业所得税，但按照有关规定，在一定情况下也可以享受税收优惠。例如，《财政部、海关总署、国家税务总局关于支持汶川地震灾后恢复重建有关税收政策问题的通知》（已失效）规定，自2008年5月12日起，受灾地区企业通过公益性社会团体、县级以上人民政府及其部门取得的抗震救灾和灾后恢复重建款项和物资，以及税收法律、法规和本通知规定的减免税金及附加收入，免征企业所得税。

105 | 慈善组织、捐赠人、受益人享受税收优惠的手续如何办理？

答：在慈善税收减免、退税的办理上，税务部门须摒弃特事特办的观念，将其作为自身工作的重要组成部分，将其日常化、流程化。例如，根据《国务院关于取消非行政许可审批事项的决定》，"公益性捐赠税前扣除资格确认"作为非行政许可审批事项予以取消。《财政部、税务总局、民政部关于公益性捐赠税前扣除有关事项的公告》明确了取得公益性捐赠税前扣除资格应当符合的条件，由民政部门结合社会组织公益活动情况和日常监督管理、评估等情况，对社会组织的公益性捐赠税前扣除资格进行核实，提出初步意见。根据民政部初步意见，财政、税务和民政部门联合确定具有公益性捐赠税前扣除资格的社会组织名单，并发布公告。这就体现了税收优惠办理的常规化和程序简化。

税收优惠的办理是国家的法定职责，有关部门应当本着建设服务型政府的理念，为慈善活动各方提供及时、快捷的服务。慈善税收减免、退税应当设定法定时限，税务机关等部门应当遵守法定时限并积极履行法定职责，不得无故拖延。在遵守法定时限基础上，慈善法规定的"及时"办理，还要求税务机关等部门在法律制度范围内，尽可能为相对人提供便利，尽可能提高效率。慈善税收优惠能够当场决定、当场办结的，有关机关应当当场办结；不能当场办结的，应当尽快办结。

对于捐赠人的税前抵扣，应制定简便、快捷、易操作的所得税抵扣操作办法，以简化手续，提高效率。例如，对于单位组织的集体捐赠，可先由受赠方开具总发票和明细，再由组织单位统一批量为员工办理所得税抵扣手续，在工资发放时予以直接抵扣。目前，捐赠人的税前抵扣办理，程序较为简单。只要捐赠人取得具有公益性捐赠税前扣除资格的慈善组织开具的捐赠票据，即可在国家税务总局推出的"个人所得税"APP上自行申报税前抵扣。

106 捐赠人是否享受免征行政事业性费用优惠？

答：实物、有价证券、股权和知识产权的权利转让可能需要收取行政事业性收费。为了降低慈善捐赠成本，鼓励捐赠人捐赠实物、有价证券、股权和知识产权，慈善法第九十一条规定，依法免征捐赠实物、有价证券、股权和知识产权时转让权利的行政事业性费用。行政事业性费用是指国家机关、事业单位、代行政府职能的社会团体及其他组织根据法律法规等有关规定，依照国务院规定程序批准，在实施社会公共管理，以及在向公民、法人和其他组织提供特定公共服务过程中，向特定对象收取的费用。

107 国家对开展扶贫济困、参与重大突发事件应对、参与重大国家战略等的慈善活动是否有特殊的优惠政策？

答：对开展扶贫济困、参与重大突发事件应对、参与重大国家战略的慈善活动，实行特殊的优惠政策，是一条原则性的规定和要求。近年来，对参与扶贫济困等重大突发事件应对的慈善活动，国家实行了特殊的优惠政策。例如，2019年4月财政部、税务总局、国务院扶贫办印发《关于企业扶贫捐赠所得税税前扣除政策的公告》（2019年第49号）和《关于扶贫货物捐赠免征增值税政策的公告》（2019年第55号），规定到2022年年底前用于目标脱贫地区的扶贫捐赠支出，准予在计算企业所得税应纳税所得额时据实扣除，对无偿捐赠货物给目标脱贫地区的单位和个人的，免征增值税。

在京津冀协同发展、长江经济带发展、粤港澳大湾区建设、长三角一体化发展、黄河流域生态保护和高质量发展、雄安新区建设、海南自由贸易港、成渝地区双城经济圈等重大国家战略中,慈善事业也是重要力量。今后,国家有关部门将根据慈善法第九十二条的规定和要求,进一步细化和完善关于开展扶贫济困、参与重大突发事件应对、参与重大国家战略的慈善活动的优惠政策,鼓励慈善发挥更加积极的作用。

108 国家在慈善事业土地使用方面有哪些促进措施?

答:慈善组织开展慈善法第三条第一项、第二项规定的慈善活动,即扶贫、济困、扶老、救孤、恤病、助残、优抚类慈善活动,需要慈善服务设施用地的,可以依法申请使用国有划拨土地或者农村集体建设用地。以划拨方式取得国有土地使用权,是指经县级以上人民政府依法批准后,在土地使用者依法缴纳了土地补偿费、安置补偿费及其他费用后,国家将土地交付给土地使用者使用,或者国家将土地使用权无偿交付给土地使用者使用的行为。通过划拨方式取得土地使用权,只需缴纳取得土地的成本和税费,无须缴纳土地有偿使用费,因此是一项国家给予的特殊待遇。《中华人民共和国土地管理法》第五十四条对可以通过划拨的方式取得土地使用权的范围作了规定,其中专门规定了城市基础设施用地和公益事业用地是可以进行划拨的用地类型之一。农村集体建设用地是农村进行各项非农业建设所使用的农民集体所有土地。慈善组织需要申请使用农村集体公益事业建设用地的,应当符合乡(镇)土地利用总体规划，依法办理建设用地审批手续。《中华人民共和国土地管理法》第六十一条规定，乡（镇）村公共设施、公益事业建设，需要使用土地的，应当经乡（镇）人民政府审核，向县级以上地方人民政府自然资源主管部门提出申请，按照省、自治区、直辖市规定的批准权限，由县级以上地方人民政府批准。涉及占用农用地的，还应当按照规定办理农用地转用审批手续。

109 国家是否对慈善事业发展采取金融支持政策?

答: 2014年国务院出台的《关于促进慈善事业健康发展的指导意见》中指出,要加大社会支持力度,倡导金融机构根据慈善事业的特点和需求创新金融产品和服务方式,积极探索金融资本支持慈善事业发展的政策渠道。支持慈善组织为慈善对象购买保险产品,鼓励商业保险公司捐助慈善事业。慈善法第九十四条明确了国家为慈善事业提供金融政策支持的态度,鼓励金融机构为慈善组织、慈善信托提供融资和结算等金融服务。

110 政府如何支持慈善组织向社会提供服务？

答：各级人民政府及其有关部门依法通过购买服务等方式，支持符合条件的慈善组织向社会提供服务。政府购买服务，通常是指各级国家机关将属于自身职责范围且适合通过市场化方式提供的服务事项，按照政府采购方式和程序，交由符合条件的服务供应商承担，并根据服务数量和质量等因素向其支付费用的行为。对于慈善组织而言，通过良性竞争，承接政府购买服务，可以增加其收入来源，实现组织发展，提高服务水平。需要注意的是，政府在购买服务时，应当根据购买服务项目的特点确定承接主体的具体条件，并通过公开择优等方式选择符合条件的慈善组织作为政府购买服务的承接主体。除购买服务外，各级人民政府及其有关部门还可以采取其他方式支持符合条件的慈善组织向社会提供服务。

111 社会力量如何为慈善组织提供资金支持和能力建设服务？

答：慈善组织特别是初创期和小型慈善组织在发展过程中，特别需要社会力量给予资金支持和能力建设服务。近年来，社会力量通过公益创投、孵化培育、人员培训、项目指导等方式，为慈善组织提供了资金支持和能力建设服务，整合了社会资源，创新了服务供给方式，提高了服务水平和效率。国家鼓励有意愿、有能力的企业、社会组织和个人通过多种方式，为慈善组织提供资金支持和能力建设服务，促进慈善组织发展壮大、规范运营，从而更好地满足社会需求，解决社会问题，促进社会和谐。

112 企业事业单位和其他组织如何支持慈善活动？

答：慈善组织开展募捐，举办义演、义赛、义卖、义展、义拍、慈善晚会等活动，需要获得活动场所等方面的支持。社会各界的爱心人士、爱心企业捐款捐物，慈善组织和爱心人士、爱心企业开展扶贫、济困、扶老、救孤、恤病、助残、优抚以及救助自然灾害、事故灾难和公共卫生事件等突发事件造成的损害等，慈善组织开展慈善服务，也都需要场所等方面的支持。因此，国家鼓励企业事业单位和其他组织发挥自身优势，利用自身资源，积极参与慈善活动，为开展慈善活动提供场所和其他便利条件。这也是企业事业单位和其他组织积极承担社会责任的一种体现。

113 捐赠人能否对其捐赠的慈善项目冠名纪念?

答:对慈善项目冠名纪念,有利于提高捐赠人的社会责任意识,树立捐赠人良好的社会形象,规范捐赠活动,也有利于集中慈善资源。捐赠人对其捐赠的慈善项目冠名纪念,首先,要获得受益人同意;其次,如果相关法律法规对冠名规定了批准程序,应当按照规定,获得相应批准。例如《中华人民共和国公益事业捐赠法》第十四条规定,捐赠人单独捐赠的工程项目或者主要由捐赠人出资兴建的工程项目,可以由捐赠人提出工程项目的名称,报县级以上人民政府批准。

114 国家如何对在慈善事业发展中做出突出贡献的自然人和组织进行表彰？

答：国家对为慈善事业发展做出突出贡献、社会影响较大的组织和个人予以表彰，是推动慈善事业健康发展的重要举措。2005 年，民政部设立"中华慈善奖"，截至 2023 年年底，已举办十二届。此外，全国还有 26 个省份以及许多地市设立了地方慈善奖，表彰了一大批为慈善事业作出突出贡献的个人、企业、机构和项目，显著提升了慈善氛围，有效推动了社会建设，深化了社会主义核心价值观，带动了更多公众投身慈善、友爱互助。

2015 年，民政部、人力资源和社会保障部联合出台了《关于建立和完善慈善表彰奖励制度的指导意见》，对各级政府开展的慈善表彰奖励工作进行规范和指导。各级政府应当从以下方面建立和完善慈善表彰奖励制度：一是要做好立项工作。各省（区、市）要按国家有关规定建立慈善表彰奖励制度，作为支持慈善事业发展的政策措施。在立项过程中，要妥善处理好名称、奖项、表彰范围等问题。二是要确保表彰质量。各省（区、市）要根据本地慈善事业发展状况，设置合理的表彰周期和适当的表彰规模，既保持表彰工作的激励性，又保证权威性，并制定科学合理、客观明确、便于评价的评选标准。三是要规范工作程序。在实施慈善评选表彰活动的过程中，应坚持公正评审、严格把关，特别要坚持过程公开、社会参与，要设立公众参与渠道，自觉接受群众监督，切实提高活动的参与度、透明度和公信力。四是要创新工作方式。在慈善评选表彰活动实施过程中，举办单位可以选择与公信力强、工作水平突出的社会组织以及富有广泛影响力的新闻媒体开展合作，通过政府购买服务的形式，交由相关社会组织承担具体事务性工作。五是要严肃评选纪律。各省（区、市）开展慈善评选表彰活动，要严格遵守财经纪律和财务规定，举办单位不得以任何形式向参评单位和个人收取费用或者变相收费。

115 | 慈善领域是否实行信用激励制度？

答：县级以上人民政府民政等有关部门将慈善捐赠、志愿服务记录等信息纳入相关主体信用记录，健全信用激励制度。2018年，《关于对慈善捐赠领域相关主体实施守信联合激励和失信联合惩戒的合作备忘录》明确了对慈善捐赠领域相关主体实施守信联合激励和失信联合惩戒措施。其中规定了信息共享与联合激励、联合惩戒的实施方式，守信联合激励和失信联合惩戒对象的范围，以及26项激励措施和24项惩戒措施，实施动态管理。

对于志愿服务相关信用激励，2016年《国务院办公厅关于加强个人诚信体系建设的指导意见》要求，在志愿服务等重点领域，有关部门要加快建立和完善个人信用记录形成机制；探索通过按时履约、志愿服务、慈善捐助等方式修复信用。2020年，民政部出台了《志愿服务记录与证明出具办法（试行）》，并在全国组织开展了志愿服务记录与证明抽查工作。下一步，有关主管部门将按照慈善法的规定，进一步推动将志愿服务记录纳入相关主体信用记录的工作，并会同有关部门、单位健全信用激励制度。

116 开展慈善国际交流与合作时需要履行什么程序？

答：慈善组织接受境外慈善捐赠、与境外组织或者个人合作开展慈善活动，不同于国内一般性的慈善捐赠和慈善活动，捐赠人、合作方背景不一，捐赠方式、合作内容可能涉及外交外事、海关、外汇等多个监管领域，有的还存在国内法和国际法的法律适用问题。鉴于此，慈善法规定，慈善组织接受境外慈善捐赠、与境外组织或者个人合作开展慈善活动的，根据国家有关规定履行批准、备案程序。慈善组织要根据慈善法上述要求，在具体办理不同类型业务时，分别按照相关监管部门要求进行报批备案。例如，《中华人民共和国境外非政府组织境内活动管理法》规定了境外非政府组织在中国境内开展活动的有关要求，慈善组织与境外非政府组织合作开展慈善活动，应当遵守相关法律规定。

117 民政部门对涉嫌违法的慈善组织、慈善信托的受托人，有权采取哪些措施？

答：县级以上人民政府民政部门对涉嫌违反慈善法规定的慈善组织、慈善信托的受托人，有权采取下列措施：（一）对慈善组织、慈善信托的受托人的住所和慈善活动发生地进行现场检查。这里的"住所"是指慈善组织、慈善信托的受托人在民政部门正式登记的住所，"慈善活动发生地"是指慈善组织、慈善信托的受托人开展慈善活动，特别是实施涉嫌违反慈善法规定的行为发生所涉及的相关地点。（二）要求慈善组织、慈善信托的受托人作出说明，查阅、复制有关资料。（三）向与慈善活动有关的单位和个人调查与监督管理有关的情况。这里的调查对象既包括涉嫌违反慈善法规定的慈善组织开展有关慈善活动所涉及的捐赠人、志愿者、受益人、其他慈善组织等慈善活动参与者，也包括该慈善活动所涉及的其他有关单位和个人。有关单位和个人应当配合民政部门的调查，如实提供所调查的信息。（四）经本级人民政府批准，可以查询慈善组织的金融账户。这里金融账户主要是慈善组织在存款机构、托管机构、投资机构、特定的保险机构等金融机构开立或者保有的存款账户、托管账户和其他账户。（五）除上述四项监督检查措施之外，民政部门还可以依据其他法律、行政法规规定，对涉嫌违法的慈善组织、慈善信托的受托人实施其他监督检查措施。

118 什么情况下，民政部门可以对慈善组织、慈善信托的受托人有关负责人进行约谈？

答：县级以上人民政府民政部门发现慈善组织、慈善信托的受托人涉嫌违反慈善法规定的情形，例如，收到有关慈善组织、慈善信托的受托人违法行为的举报、投诉，或者在监督检查过程中发现慈善组织、慈善信托的受托人可能存在违反慈善法的情形，可以对有关负责人进行约谈，要求其说明情况、提出改进措施。通过约谈，有利于民政部门及时了解慈善组织、慈善信托的受托人的相关情况，消除风险隐患，也有利于督促当事人自行纠正轻微违法行为并进行制度整改，防止再次出现违法行为。需要注意的是，约谈不能代替行政处罚。

119 民政部门对慈善组织、有关单位和个人进行检查或者调查应当遵守哪些要求？

答：为了保证行政权力的规范有效行使，同时也为了保障被检查或者调查的慈善组织、有关单位和个人的合法权益不受侵犯，慈善法对民政部门的检查或者调查行为作出了相应要求。一是检查人员或者调查人员不得少于二人。这一规定便于执法人员之间互相监督，防止出现非法实施、侵犯当事人合法权益的行为，同时也可以防止当事人诬告、陷害、贿赂执法人员。二是出示合法证件和检查、调查通知书。根据《中华人民共和国行政处罚法》第四十二条的规定，行政处罚应当由具有行政执法资格的执法人员实施，了解执法人员的执法身份，是当事人应有的权利。"合法证件"是表明检查人员或者调查人员有合法行政执法资格的证明，民政部门执法人员实施检查、调查时，必须向当事人出示其合法的执法证件，表明其具备执法的资格。这是民政部门对慈善组织或者有关单位和个人依法开展有关调查和检查活动的前提，也是民政部门作为行政机关在行使权力时须对行政相对人所应尽到的说明或告知义务。具备法定资格的执法人员不能随意对当事人进行检查或者调查，而是应当执行行政机关的决定，因此，在检查和调查时应当向当事人出示民政部门出具的，并经过正式程序制作的真实、合法、有效的行政法律文书，即"检查、调查通知书"。

120 慈善组织及其负责人、慈善信托的受托人信用记录制度包括哪些内容？

答：慈善组织及其负责人、慈善信托的受托人信用记录，主要是指县级以上人民政府民政部门在依法履职过程中生成和获取的与慈善组织及其负责人、慈善信托的受托人信用状况有关的记录。建立慈善组织及其负责人、慈善信托的受托人信用记录制度，对于转变政府部门管理方式、完善慈善组织监管制度、规范慈善组织健康有序发展都具有十分重要的意义。建立慈善组织及其负责人、慈善信托的受托人信用记录制度是民政部门的重要职责。国务院民政部门应当依照慈善法和其他有关法律法规，建立健全全国的以及全国性的慈善组织及其负责人、慈善信托的受托人信用记录制度。县级以上地方各级人民政府民政部门应当依照慈善法和其他有关法律法规，在各自的职责范围内，建立健全本行政区域内的慈善组织及其负责人、慈善信托的受托人信用记录制度。一是应对慈善组织及其负责人、慈善信托的受托人信用记录的内容进行明确。例如，就慈善组织的信用记录内容而言，一般包括其在民政部门的基本登记信息、年检信息、评估信息、奖惩信息，享有或失去有关政府部门或行业组织认可的资质（如非营利组织免税资格、公益性捐赠税前扣除资格等）信息，承接政府转移职能或购买服务信息，失信信息，以及其他与开展慈善活动相关的信息等。二是应对慈善组织及其负责人、慈善信托的受托人信用记录的相关主体责任进行明确。慈善组织及其负责人、慈善信托的受托人信用记录制度的建立主体是民政部门，其他有关部门以及公民、法人和其他组织也应按照相关的制度规定，在各自的职责和所应尽的义务范围内做好相关工作，以保障慈善组织及其负责人、慈善信托的受托人信用记录制度的有效实施。三是应对慈善组织及其负责人、慈善信托的受托人信用记录的行为进行规范，保障记录过程公平、公开、公正，记录结果及时、真实、合法、有效。四是应将慈善组织及其负责人、慈善信托的受托人信用记录与发布、使用、管理等活动结合起来规范，以利于形成慈善组织及其负责人、慈善信托的受托人的信用制度体系。

121 第三方机构在慈善组织评估工作中怎样发挥作用？

答：慈善组织评估是根据慈善组织的特征，以特定统一的指标体系为评议标准，遵循规范的科学方法和操作程序，通过定性和定量的对比分析，对慈善组织在一定时间段内的组织管理情况、业务活动情况和通过活动所产生的社会效益及影响等作出客观、公正和准确的判断。

2010年，民政部出台了《社会组织评估管理办法》，初步建立了包括慈善组织在内的社会组织评估制度框架。2015年5月，民政部出台了《关于探索建立社会组织第三方评估机制的指导意见》，阐述了第三方机构对社会组织进行评估的总体思路和基本原则，明确了第三方评估机构的资格条件、组织形式、选择方式、活动准则和民政部门的监管职责，以及相应的资金保障机制，规范了第三方评估的信息公开和结果运用，明确了第三方评估工作组织领导等。2021年12月，民政部出台了《全国性社会组织评估管理规定》，进一步规范全国性社会组织评估工作。2022年12月，民政部出台了《关于规范社会组织评估等级牌匾证书管理、做好社会组织评估等级报备工作的通知》，进一步规范社会组织评估等级牌匾证书管理，加强评估等级报备工作。这些规章、政策和评估实践为民政部下一步建立健全慈善组织评估制度，鼓励和支持第三方机构对慈善组织进行评估奠定了制度和工作基础。第三方机构在开展评估活动时，应当根据慈善法的规定，重点对慈善组织的内部治理、财务状况、项目开展情况以及信息公开等内容进行评估。

122 | 慈善行业如何加强自律？

答：慈善组织的健康发展需要完善由内部制衡、行业自律、社会监督、政府监管构成的监管体系。其中，行业自律是重要的组成部分。2020年10月，《全国人民代表大会常务委员会执法检查组关于检查〈中华人民共和国慈善法〉实施情况的报告》中指出，慈善行业自律薄弱。慈善行业组织自律亟待加强，行业组织自律措施有限，行业标准制定工作落后于实践需要，存在调整范围窄、内容规定粗、制约机制少等问题。行业评估范围和规模依然较小，尚未有效发挥以评促建、以评促改、以评促规范的效能。针对执法检查中发现的问题，加强慈善行业自律，需要不断建立健全行业规范，充分发挥慈善行业组织的作用。

慈善行业组织应当建立健全行业规范，通过完善组织章程和行规行约，在会员和行业中开展行风建设和监督，从而加强慈善行业自律，引导会员规范行为，遵纪守法。例如，中国慈善联合会发布《企业慈善捐赠指引》、《社区慈善基金运行指南》、《慈善项目品牌建设指南》、《基金会换届工作规范》、《社会力量捐赠医疗机构儿童活动室运行指南》等团体标准，编制发表年度中国慈善捐助报告等。

123 | 有关部门对有关慈善领域违法行为的投诉、举报应当如何处理？

答：任何单位和个人发现慈善组织、慈善信托有违法行为的，可以向民政部门、其他有关部门或者慈善行业组织投诉、举报。投诉、举报是指对违反法律法规或者相关规定的行为进行控诉和向上级报告。核实投诉举报的线索，对涉及的违法行为进行监督查处是民政部门、其他有关部门或者慈善行业组织的职责所在。因此，在接到投诉、举报后，无论是民政部门和其他有关部门还是慈善行业组织都应及时进行调查处理。"及时调查处理"，一方面要求民政部门、其他有关部门或者慈善行业组织关注投诉举报的事项，对涉及慈善组织、慈善信托的违法行为，按照程序进行调查，核实违法行为是否属实，经核实违法行为属实的，应当给予相应处罚；另一方面要求民政部门、其他有关部门或者慈善行业组织在较短的合理时间内对投诉举报事项进行调查处理，不能长期搁置不予处理。

2016年8月，民政部出台《社会组织登记管理机关受理投诉举报办法（试行）》，细化了社会组织登记管理机关受理投诉举报工作。慈善组织是社会组织的一种形式，对慈善组织的投诉举报也适用该办法相关规定。根据该办法，受理投诉举报应当坚持依法、公正、及时、便捷的原则。有关部门应当向社会公布投诉举报渠道，方便投诉举报人（以下简称举报人）投诉举报。提倡实名举报，但是举报人不愿提供个人信息或者不愿公开投诉举报行为的，应当予以尊重。有关部门应当妥善保存投诉举报的原始材料，应当对投诉举报进行登记，主要内容包括举报人姓名（名称）、联系方式，投诉举报的时间、方式，被投诉举报对象和主要事项等。有关部门应当依法调查核实，并及时将处理结果以口头或者书面形式（包括数据电文）告知举报人，举报人身份信息或者联系方式不详以及处理结果需保密的除外。对被投诉举报对象予以行政处罚的，应当依法将行政处罚结果向社会公布。在调查核实过程中，发现被投诉举报对象或者有关组织和个人的行为涉嫌犯罪的，应当及时将有关线索和证据移交司法机关。接受投诉、举报的部门，对于不属于本机关管辖的投诉举报，应当及时移交有管辖权的登记管理机关或者告知举报人该机关名称。对于不属于登记管理机关职责范围的投诉举报，能够确定主管部门的，应当及时移交其他部门，或者告知举报人该部门名称，不能确定的，应当向举报人说明情况。投诉举报事项应当通过诉讼、仲裁、行政复议等法定途径解决或者已经进入上述程序的，应当告知举报人通过法定途径解决。登记管理机关应当依法保护举报人的合法权益，不得泄露举报人的相关信息。

124 慈善组织未按照慈善宗旨开展活动的，应当承担什么法律责任？

答：慈善宗旨既是慈善组织的设立条件，也是慈善组织的根本属性，更是慈善组织的使命与价值所在，还是其区别于其他组织的重要标志。慈善组织开展慈善募捐、使用慈善财产、对外合作等都要符合慈善宗旨。慈善组织未按照慈善宗旨开展活动的，由县级以上人民政府民政部门根据其违法情节轻重，给予适当的处理，包括责令限期改正，予以警告或者责令限期停止活动，并没收违法所得；情节严重的，吊销登记证书并予以公告。

其中，责令限期改正，是指行政机关责令违法行为人停止和纠正违法行为，以恢复原状、维持法定的秩序或者状态的具体行政行为，其无减损权益或增加义务性，不属于行政处罚。警告是指行政机关对违法行为人提出警示和告诫，使其认识其违法所在和应负责任的一种处罚，通常用于情节较轻的违法行为。责令限期停止活动，是对较为严重的违法行为的处罚，是一种行为罚。慈善组织被责令限期停止活动，即意味着其在一定期限内不得以自己的名义开展慈善募捐、接受捐赠、实施慈善项目等业务活动。此外，按照《基金会管理条例》、《社会团体登记管理条例》以及《民办非企业单位登记管理暂行条例》的规定，基金会、社会团体、民办非企业单位被责令停止活动或责令限期停止活动的，由登记管理机关封存其登记证书、印章和财务凭证。据此，慈善组织被予以责令限期停止活动的行政处罚的，登记管理机关还应按照上述规定封存其登记证书、印章和财务凭证。如被处罚慈善组织有违法所得，应当一并没收违法所得。吊销登记证书属于《中华人民共和国行政处罚法》规定的吊销许可证件的一种具体形式，属于资格罚。吊销法人登记证书后，慈善组织将被永久剥夺以该组织名义继续开展业务活动的资格和权利。根据《社会团体登记管理条例》、《民办非企业单位登记管理暂行条例》、《基金会管理条例》的规定，社会组织被吊销登记证书后继续以原组织名义活动的，将构成非法社会组织，由登记管理机关予以取缔。

125 慈善组织接受哪些社会捐赠可能违法,应当承担什么法律责任?

答:慈善法第四条第二款规定,开展慈善活动,应当遵循合法、自愿、诚信、非营利的原则,不得违背社会公德,不得危害国家安全、损害社会公共利益和他人合法权益。第十五条规定,慈善组织不得从事、资助危害国家安全和社会公共利益的活动,不得接受附加违反法律法规和违背社会公德条件的捐赠,不得对受益人附加违反法律法规和违背社会公德的条件。如果慈善组织对慈善捐赠不加分辨,接受附加违反法律法规和违背社会公德条件的捐赠,则可能构成违法行为,应当依照慈善法规定承担相应法律责任。县级以上人民政府民政部门根据违法情节轻重,对违法行为人责令限期改正,予以警告或者责令限期停止活动,并没收违法所得;情节严重的,吊销登记证书并予以公告。

126 慈善组织泄露国家秘密、商业秘密的，如何处理？

答：慈善法第八十二条规定，涉及国家秘密、商业秘密、个人隐私的信息以及捐赠人、慈善信托的委托人不同意公开的姓名、名称、住所、通讯方式等信息，不得公开。除慈善法外，我国多部法律和行政法规都对保守国家秘密、商业秘密的要求及相应法律责任作出了规定。例如，《中华人民共和国保守国家秘密法》第五条第三款规定，任何危害国家秘密安全的行为，都必须受到法律追究。同时，该法第五章对相关违法行为的法律责任作了规定。《中华人民共和国民法典》第五百零一条规定，当事人在订立合同过程中知悉的商业秘密或者其他应当保密的信息，无论合同是否成立，不得泄露或者不正当地使用；泄露、不正当地使用该商业秘密或者信息，造成对方损失的，应当承担赔偿责任。《中华人民共和国刑法》第二百一十九条、第三百九十八条对泄露商业秘密、国家秘密的违法行为的刑事责任作了规定。慈善组织违反慈善法规定，泄露国家秘密或商业秘密的，依照有关法律的规定，由相关主管部门予以处罚。

127 慈善组织违法开展募捐活动的具体情形及其法律责任是什么？

答：慈善组织在开展募捐活动中可能出现的违法情形包括：（一）通过虚构事实等方式欺骗、诱导募捐对象实施捐赠的；（二）向单位或者个人摊派或者变相摊派的；（三）妨碍公共秩序、企业生产经营或者居民生活的；（四）与不具有公开募捐资格的组织或者个人合作，违反慈善法第二十六条规定的；（五）通过互联网开展公开募捐，违反慈善法第二十七条规定的；（六）为应对重大突发事件开展公开募捐，不及时分配、使用募得款物的。慈善组织开展募捐活动有上述情形之一的，由县级以上人民政府民政部门予以警告，责令停止募捐活动；责令退还违法募集的财产，无法退还的，由民政部门予以收缴，转给其他慈善组织用于慈善目的；情节严重的，吊销公开募捐资格证书或者登记证书并予以公告，公开募捐资格证书被吊销的，五年内不得再次申请。

128 慈善组织直接负责的主管人员和其他直接责任人员在什么情况下需要承担法律责任？

答：慈善法第一百零九条、第一百一十条和第一百一十一条分别规定了慈善组织多项违法行为的法律责任，出现上述违法行为后，慈善法坚持"双罚制"，即对违法慈善组织作出处罚的同时，对直接负责的主管人员和其他直接责任人员也一并作出处罚。适用"双罚制"要把握好以下几个方面：一是适用范围。当慈善组织有慈善法第一百零九条、第一百一十条或者第一百一十一条规定情形时，民政部门才可以对相关人员作出处罚，不能随意扩大或者缩小适用范围。二是处罚对象。这里的处罚对象为存在相关违法情形的慈善组织的"直接负责的主管人员和其他直接责任人员"，要做到责任人员认定准确。三是罚款和没收违法所得。慈善法第一百一十二条规定的罚款数额为二万元以上二十万元以下，执法实践中民政部门需根据违法情节的严重程度，合理确定具体罚款数额。在作出罚款的同时，还要没收违法所得，二者须一并作出，而不能选择适用。四是从业禁止。慈善组织有慈善法第一百零九条、第一百一十条或者第一百一十一条规定情形，情节严重的，由民政部门对其直接负责的主管人员和其他直接责任人员作出禁止其一年至五年内担任慈善组织管理人员的处理。

129 | 不具有公开募捐资格擅自开展公开募捐的,应当承担什么法律责任?

答:根据慈善法第二十二条以及第二十六条规定,慈善组织开展公开募捐,应当取得公开募捐资格。未取得公开募捐资格的组织和个人,基于慈善目的,可以与具有公开募捐资格的慈善组织合作。如果有关组织或者个人不具有公开募捐资格,且未采取与具有公开募捐资格的慈善组织合作的形式而开展公开募捐,就违反了慈善法规定。根据慈善法第一百一十三条的规定,不具有公开募捐资格的组织或者个人擅自开展公开募捐的,由县级以上人民政府民政部门予以警告,责令停止募捐活动;责令退还违法募集的财产,无法退还的,由民政部门予以收缴,转给慈善组织用于慈善目的;情节严重的,对有关组织或者个人处二万元以上二十万元以下罚款。

当发现有关个人或者组织擅自开展公开募捐时,首先,有关民政部门应当制止违法活动,避免负面社会影响继续扩大,即有关民政部门应当予以警告,给予其擅自公开募捐行为以否定评价，同时责令其停止募捐活动，不再扩大活动的知悉范围，不再继续接受捐赠财产。其次，民政部门应当妥善处理已经募集的慈善资金。募集的捐赠财产可以退还的，应当责令优先退还给捐赠人。如通过电子支付渠道募集的资金，应当通过原支付渠道退还捐赠人。如果募集的财产客观上无法退还的，如通过募捐箱收集的资金无法确定具体捐赠人及捐款额的，则应由民政部门予以收缴，并转给慈善组织用于慈善目的。此处转给的慈善组织，应当具有公开募捐资格，且该募集的财产应用于相同或相似的慈善用途。最后，情节严重的，民政部门还应当对当事人处以罚款，以示惩戒。民政部门应当审慎裁量对有关组织或者个人的罚款，一方面，应当符合"情节严重"的前提，即应当综合考虑募捐目的、主观过错、募集金额以及社会影响等因素，确有加重处罚必要的才可适用罚款；另一方面，如果适用罚款，应为二万元以上二十万元以下，具体罚款数额应当与违法情节的严重程度相当。

130 假借慈善名义或者假冒慈善组织骗取财产的，应当承担什么法律责任？

答：根据慈善法第三十三条的规定，禁止任何组织或者个人假借慈善名义或者假冒慈善组织开展募捐活动，骗取财产。同时，慈善法第一百一十三条规定了相应的法律责任。

假借慈善名义或者假冒慈善组织骗取财产的，由公安机关依法进行查处。公安机关可视情节依据《中华人民共和国治安管理处罚法》和《中华人民共和国刑法》对有关违法行为进行查处。情节比较轻微的，可处以治安管理处罚；情节比较严重的，符合犯罪构成的，则可追究刑事责任。

根据《中华人民共和国治安管理处罚法》第四十九条及第五十一条的规定，诈骗公私财物的，处五日以上十日以下拘留，可以并处五百元以下罚款；情节较重的，处十日以上十五日以下拘留，可以并处一千元以下罚款。以其他虚假身份招摇撞骗的，处五日以上十日以下拘留，可以并处五百元以下罚款；情节较轻的，处五日以下拘留或者五百元以下罚款。《中华人民共和国刑法》第二百六十六条规定了诈骗罪，诈骗公私财物，数额较大的，处三年以下有期徒刑、拘役或者管制，并处或者单处罚金；数额巨大或者有其他严重情节的，处三年以上十年以下有期徒刑，并处罚金；数额特别巨大或者有其他特别严重情节的，处十年以上有期徒刑或者无期徒刑，并处罚金或者没收财产。

131 | 互联网公开募捐服务平台违反慈善法第二十七条规定时如何处理?

答:慈善法第二十七条第二款对互联网公开募捐服务平台的法律义务作了规定,违反该条规定的常见情形包括:(一)无正当理由拒绝为具有公开募捐资格的慈善组织提供服务。如果平台能够合理怀疑慈善组织提交的资质材料以及备案信息的真实性,或者因技术故障等暂时无法提供服务,不构成违反该条规定的违法情形,但应当采取必要方式及时查验信息或者排除故障;(二)向慈善组织收取互联网公开募捐服务费用。在慈善法2023年修订过程中,很多意见表示,慈善是公益事业,互联网公开募捐服务并非商业服务,而是企业履行社会责任的重要体现,因此有关平台不宜按照商业模式主张服务对价。(三)平台在公开募捐信息页面插入商业广告和商业活动链接。慈善募捐应当坚持公益属性,不得在信息页面出现商业广告或者商业活动链接,利用慈善募捐信息为商业产品或者商业活动吸引流量。(四)其他违反慈善法第二十七条规定的情形。例如,平台提供互联网公开募捐服务的功能有瑕疵,信息展示不完整或者缺少捐赠支付功能等。

考虑到民政部门指定的平台数量较少,同时为确保民政部门执法的统一和规范,当出现前述违法情形时,应当由"省级"而非"县级以上"人民政府民政部门责令限期改正。限期改正的,平台资格予以保留,但平台应当停止违法行为,依法提供服务;逾期不改正的,应当由省级人民政府民政部门上报国务院民政部门,由后者进一步认定违法事实后依法取消指定。平台被取消指定的,不得再提供互联网公开募捐服务。

132 未经指定的互联网信息服务提供者擅自提供互联网公开募捐服务的如何处理？

答：提供互联网公开募捐服务需要行政许可，未经指定的互联网信息服务提供者，不得擅自提供互联网公开募捐服务。擅自提供相关服务的，即构成违法行为。县级以上人民政府民政部门可以通过大数据筛查、接受群众举报等方式查证有关违法事实。一经核实，民政部门应当要求有关互联网信息服务提供者停止提供互联网公开募捐服务，并依法妥善处置已经募集的慈善财产。如果有关互联网信息服务提供者逾期不改正，县级以上人民政府民政部门可以会同网信、工业和信息化部门依照有关法律法规以及《互联网信息服务管理办法》等规定，采取进一步措施，包括删除网页信息、吊销互联网信息服务业务经营许可证、关闭网站并注销备案等。

133 广播、电视、报刊以及网络服务提供者、电信运营商未依法履行验证义务，如何处理？

答：根据慈善法第二十三条的规定，通过广播、电视、报刊、互联网等媒体发布募捐信息均属于公开募捐。因此慈善法第二十八条特别规定，广播、电视、报刊以及网络服务提供者、电信运营商，应当对利用其平台开展公开募捐的慈善组织的登记证书、公开募捐资格证书进行验证。依法履行验证义务，是指有关主体应当尽到合理的审查义务，如将有关信息同慈善信息平台上查询的信息作对比。如果广播、电视、报刊以及网络服务提供者、电信运营商未采取适当措施查验公开募捐的相关信息，无论是否造成危害结果，均构成违法情形。

根据慈善法第一百一十四条第三款的规定，广播、电视、报刊以及网络服务提供者、电信运营商未依法履行验证义务的，由其主管部门责令限期改正，予以警告；逾期不改正的，予以通报批评。警告和通报批评属于《中华人民共和国行政处罚法》规定的同一类处罚，均属于申诫罚。但两者也存在不同：警告主要用于情节轻微或未构成实际危害后果的违法性行为，其作为一种正式的处罚形式，必须是要式行为，即由作出处罚的机关制作书面裁决。通报批评则适用于具有较大危害的违法行为，并且需要在一定范围内公开，会对主体的名誉造成一定的负面影响。申诫罚是对行政相对人名誉的惩戒，影响行政相对人的声誉而不涉及其他实体权利，其目的在于引起违法者的重视，以避免其再犯。

134 慈善组织不依法向志愿者出具志愿服务记录证明，应当承担什么法律责任？

答：志愿服务记录证明，是指慈善组织依据志愿服务记录信息形成的、能够证明志愿者参加志愿服务有关情况的材料。出具志愿服务记录证明，不仅能激发志愿者成就感、荣誉感，还涉及维护个人信用等实际利益。2021年，民政部制定公布了《志愿服务记录与证明出具办法（试行）》，对志愿服务记录证明的出具办法作了细致规定，慈善组织应当遵守相应具体要求，为志愿者无偿、如实出具志愿服务记录证明，否则应当承担相应的法律责任，即由县级以上人民政府民政部门予以警告，责令限期改正；逾期不改正的，责令限期停止活动。

其中，责令限期改正是指行政主管部门责令违法行为人停止和纠正违法行为，以恢复原状，维持法定的秩序或者状态，具有事后救济性。根据《中华人民共和国行政处罚法》第二十八条第一款的规定，行政机关实施行政处罚时，应当责令当事人改正或者限期改正违法行为。

警告是国家对行政违法行为人的谴责和告诫,是国家对行为人违法行为所作的正式否定评价,也是最轻微的一种制裁方式。适用警告处罚的重要目的,是使被处罚人认识其行为的违法性和对社会的危害性,纠正违法行为并不再继续违法。

责令限期停止活动,是对较为严重的违法行为的处罚。慈善组织被责令限期停止活动,即在一定的期限内不得以自己的名义开展任何对外活动,如发展会员、接受捐赠、开展项目活动或者其他经营性活动。按照《基金会管理条例》和《社会团体登记管理条例》的规定,基金会、境外基金会代表机构、社会团体被责令停止活动或责令限期停止活动的,由登记管理机关封存其登记证书、印章和财务凭证。在停止活动期间,慈善组织根本不可能实施有效的外部行为。责令限期停止活动的目的是纠正错误,改进工作。被处罚慈善组织在停止活动期间应当进行整顿,纠正违法行为,改进工作制度。处罚期限届满后,民政部门认为其达到恢复运营条件的,慈善组织才可以重新以自己的名义开展慈善活动。

135 慈善组织弄虚作假骗取税收优惠的，应当承担什么法律责任？

答：慈善组织合法享受税收优惠，需要同时满足两个条件：一是取得非营利组织免税资格，二是相关收入属于免税收入范畴。根据《财政部、税务总局关于非营利组织免税资格认定管理有关问题的通知》的规定，慈善组织应当满足相关实质性条件方能认定免税资格。如果慈善组织实际上不符合认定条件，但通过组织虚假材料骗取免税资格的，即构成骗取税收优惠的违法行为。同时，该通知还规定了非营利组织的免税收入范围，如果慈善组织将其他非免税收入列为免税收入而骗取免税优惠，同样构成违法行为。此外，如果慈善组织弄虚作假协助他人骗取税收优惠，如协助企业虚开公益事业捐赠票据等，也应当承担法律责任。

慈善组织弄虚作假骗取税收优惠的，由税务机关依法查处。税务部门可以依法开展税务检查和实施行政处罚。税务检查是指税务机关根据国家税收政策、法规及财务会计制度，对纳税人履行纳税义务情况进行检查监督的一种方式。根据《中华人民共和国税收征收管理法》的有关规定，税务机关可以检查慈善组织的账簿、记账凭证、报表和有关资料。同时，税务机关发现纳税人有逃避纳税义务的行为，并有明显的转移、隐匿其应纳税的商品、货物以及其他财产或者应纳税的收入迹象的，可以按照相应批准权限采取税收保全措施或者强制执行措施。如果慈善组织弄虚作假骗取税收优惠构成偷税的，由税务机关追缴其不缴或者少缴的税款、滞纳金，并处不缴或者少缴的税款百分之五十以上五倍以下的罚款。

慈善组织弄虚作假骗取税收优惠，情节严重的，由县级以上人民政府民政部门吊销登记证书并予以公告。吊销登记证书是一种比较严厉的行政处罚，是指有关行政执法机关取消已经登记的社会组织的合法凭证，被吊销登记证书的慈善组织在法律上不再具有独立人格，不具有民事权利能力和民事行为能力。实施吊销慈善组织登记证书的行政执法机关是民政部门，一般应当由办理其登记的民政部门依法吊销登记证书。同时，慈善组织骗取税收优惠只有达到"情节严重"的程度才给予吊销登记证书的处罚。"情节严重"一般是指骗取税收优惠的次数多、数额大、造成的社会影响恶劣等。慈善组织被依法吊销登记证书后，还应当将吊销登记证书的情况进行公告，向全社会进行公示，以避免被吊销登记证书的慈善组织欺骗群众继续开展活动。

136 慈善组织从事、资助危害国家安全或者社会公共利益活动的,应当承担什么法律责任?

答: 维护国家安全和社会公共利益,是包括慈善组织在内所有自然人、法人和其他非法人组织的共同责任。《中华人民共和国国家安全法》第七十七条第二款的规定,任何个人和组织不得有危害国家安全的行为,不得向危害国家安全的个人或者组织提供任何资助或者协助。慈善组织自身从事危害国家安全或者社会公共利益的活动,如打着海洋环境保护的幌子,从事非法搜集海洋监测数据的活动;慈善组织资助其他组织或者个人从事危害国家安全或者社会公共利益的活动,如以慈善组织名义为掩护,向在我国境内从事间谍活动的敌对分子提供资金来源等。

慈善组织从事、资助危害国家安全或者社会公共利益活动的,由有关机关依法查处。"由有关机关依法查处"是一项衔接性规定,具体指向的主要是公安机关、国家安全机关等部门,涉及军事国防安全的,还可能由有关军事机关查处。慈善组织从事、资助危害社会公共利益的活动，通常并非慈善募捐、慈善服务这类典型的慈善活动，需要根据具体的违法情形由有关主管部门依法查处。民政部门作为慈善组织的主管部门，知道或者应当知道慈善组织相关活动可能危害国家安全或者社会公共利益的，有权要求慈善组织立即停止活动，并及时将有关情况通报相关部门作后续处理。

　　慈善组织从事、资助危害国家安全或者社会公共利益活动的，除由有关机关依法查处外，还应当由县级以上人民政府民政部门吊销登记证书并予以公告。慈善组织从事、资助危害国家安全或者社会公共利益活动，属于严重背离慈善宗旨的违法行为，动摇了组织存续的合法性基础，应当由民政部门剥夺组织资格。需要注意的是，吊销登记证书不仅是取消有关主体"慈善组织"的身份，而且是对组织的民事主体资格的否定，该组织不得再作为民事主体。同时，为了避免一些组织被吊销登记证书后继续招摇撞骗，考虑到慈善组织登记时均已向社会公告，因此民政部门在吊销登记证书的同时，还应当以相同方式向社会公告有关处罚结果。

137 慈善信托的委托人、受托人存在违法行为的，应当承担什么法律责任？

答：慈善信托的委托人、受托人的违法行为主要包括将信托财产及其收益用于非慈善目的；指定或者变相指定委托人、受托人及其工作人员的利害关系人作为受益人；未按照规定将信托事务处理情况及财务状况向民政部门报告；违反慈善信托的年度支出或者管理费用标准；未依法履行信息公开义务。当有上述违法情形时，慈善信托的委托人、受托人和直接负责的主管人员及其他直接责任人员都应当承担法律责任。

对于慈善信托的委托人、受托人，由县级以上人民政府民政部门责令限期改正，予以警告，并没收违法所得。警告是行政主体对违法者实施的一种谴责和告诫。没收违法所得，是指国家行政机关根据行政管理法规，将行为人违法所获得的财物强制无偿收归国有的一项行政处罚措施。责令限期改正不属于行政处罚，而是行政机关在实施行政处罚时必须采取的行政措施，是指除要求违法行为人立即停止违法行为外，还必须在规定的期限内采取改正措施，恢复合法状态。责令限期改正的"期限"，应当根据具体违法行为的性质和实际情况合理设定。

对于直接负责的主管人员和其他直接责任人员处二万元以上二十万元以下罚款。"直接负责的主管人员"，是指慈善信托委托人、受托人是法人或者非法人组织的，在组织中负有直接领导责任的人员，如实施违法行为的决策人，以及事后对有关违法行为予以认可和支持的领导人员等。"其他直接责任人员"，是指直接实施违法行为的人员，如指定或者变相指定相关利害关系人的经办人员等。罚款的具体数额由行政执法机关行使自由裁量权作出，由作出罚款决定的行政部门综合考虑行为人违法动机、主观过错、后果影响程度等因素，在二万元以上二十万元以下的范围内确定。

138 慈善服务过程中，因慈善组织或者志愿者过错造成受益人、第三人损害时如何处理？

答：慈善服务造成他人损害的，主要有以下两种情况：一是由慈善组织通过工作人员提供慈善服务，对受益人、第三人造成损害的侵权责任。此时，慈善组织适用用人单位责任，依法承担赔偿责任。工作人员存在故意或者重大过失的，慈善组织也可以援引《中华人民共和国民法典》第一千一百九十一条的规定予以追偿。

二是慈善组织招募的志愿者提供服务造成的侵权责任。慈善组织和志愿者之间虽然没有订立劳动合同，但是慈善组织招募志愿者时可以签订协议，明确双方权利义务、约定服务的内容、方式和时间等。对于需要专门技能的，慈善组织还应当对志愿者开展相关培训。因此，志愿者事实上是按照慈善组织的要求，代表慈善组织对外提供慈善服务，慈善组织在服务期间对其具有监督和管理职能。根据权责统一的原则，因志愿者过错造成受益人、第三人损害的，由慈善组织依法承担赔偿责任是适当的。

如果损害是由志愿者故意或者重大过失行为造成的，慈善组织在向受益人、第三人承担赔偿责任后对志愿者享有追偿权。值得注意的是，此处追偿的情形仅限于志愿者存在故意或者重大过失，而不包括一般过失造成损害的。

139 志愿者在参与慈善服务过程中,因慈善组织过错受到损害的,慈善组织应当承担哪些民事责任?

答:根据慈善法的规定,慈善组织安排志愿者参与慈善服务,应当与志愿者的年龄、文化程度、技能和身体状况相适应。慈善组织应当为志愿者参与慈善服务提供必要条件,保障志愿者的合法权益。如果慈善组织没有履行法律规定的职责,因慈善组织的过错导致志愿者在参与慈善服务过程中受到损害的,慈善组织应当依法承担赔偿责任。例如,某县春节前开展为孤寡老人送温暖的活动,慈善组织对志愿者未作任何培训,就指派一名未成年志愿者去山区为老人送粮油等食品,由于山路险峻,该志愿者在途中摔伤。对此,慈善组织应当对该志愿者承担相应的赔偿责任。

志愿者在提供服务的过程中,如果发生的损害是由于不可抗力造成的,慈善组织应当给予志愿者适当补偿。根据《中华人民共和国民法典》第一百八十条第二款的规定,"不可抗力"是指不能预见、不能避免且不能克服的客观情况,如地震、洪水、台风、海啸等自然现象。如果是不可抗力造成志愿者损害的，那么慈善组织不必承担赔偿责任。但是，考虑到志愿者是接受慈善组织管理从事慈善服务的，慈善法规定慈善组织应当根据具体情况给予志愿者适当的补偿。需要说明的是，补偿不同于赔偿，损失赔偿一般遵循填平原则，损失多少赔偿多少；补偿则是根据志愿者受到伤害的具体情况，结合慈善组织的经济能力，由慈善组织适当弥补志愿者的损失。

140 民政部门和其他有关部门及其工作人员在慈善活动监督管理过程中的违法情形及其法律责任有哪些？

答：慈善法规定的违法情形主要包括未依法履行信息公开义务，即应公开的慈善信息未及时公开，或者虽公开但有关慈善信息存在重大错误或者遗漏等情形；摊派或者变相摊派捐赠任务，强行指定志愿者、慈善组织提供服务；未依法履行监督管理职责；违法实施行政强制措施和行政处罚；私分、挪用、截留或者侵占慈善财产；其他滥用职权、玩忽职守、徇私舞弊的行为。

县级以上人民政府民政部门和其他有关部门及其工作人员存在上述违法情形之一的，违法情节显著轻微，社会危害不大的，由上级机关或者监察机关责令有关部门及其工作人员改正即可；违法当事人存在故意或者重大过失，或者违法行为造成严重后果的，如产生重大负面舆情，或者导致捐赠企业、慈善组织、志愿者等重大人身、财产损失的，则应当责令改正的同时，依法由任免机关或者监察机关对直接负责的人员和其他直接责任人员给予处分。根据《中华人民共和国公务员法》的规定，处分包括警告、记过、记大过、降级、撤职和开除六种。

141 违反慈善法规定，同时构成违反治安管理行为或者犯罪的，应当如何处理？

答：对慈善组织和慈善活动中相关违法行为应当承担的法律责任，慈善法作了相关规定。但是，如果同一行为同时违反《中华人民共和国治安管理处罚法》和《中华人民共和国刑法》有关规定的，还应承担相应的法律后果。对于构成违反治安管理行为的，由公安机关依法给予治安管理处罚。违反治安管理行为，是指扰乱公共秩序，妨害公共安全，侵犯人身权利、财产权利，妨害社会管理，具有社会危害性，但尚不构成犯罪的行为。为保护公民、法人和非法人组织的合法权益，由公安机关依照《中华人民共和国治安管理处罚法》的规定，给予此类违法行为以治安管理处罚。治安管理处罚包括警告、罚款、行政拘留以及吊销公安机关发放的许可证等，对违反治安管理行为的外国人，可以附加适用限期出境或者驱逐出境。

对于构成犯罪的，依法追究刑事责任。刑事责任是指犯罪行为人实施《中华人民共和国刑法》所禁止的行为应承担的法律后果。通常来说，构成犯罪的违法行为社会危害性更高，因此对应的刑罚也较治安管理处罚的更为严重。《中华人民共和国刑法》规定，刑罚主刑的种类有管制、拘役、有期徒刑、无期徒刑、死刑。附加刑的种类有罚金、剥夺政治权利、没收财产。附加刑也可以独立适用。

142 城乡社区组织、单位能否开展群众性互助互济活动？

答：城乡社区组织、单位可以在本社区、单位内部开展群众性互助互济活动。城乡社区组织，是指由城乡社区及其居民组建并吸纳社区成员参与的以满足居民社会性需要和社区公共利益为目标的各种社会组织。常见的城乡社区组织主要包括：（1）自治性的社区居民（村民）组织，如居民委员会、村民委员会、商品房住宅小区业主组织等。（2）由社区或居民组建的社区服务机构、社区志愿者组织和其他社区民间组织。例如，近年来我国城乡社区设置的社区服务站、社区志愿者组织、社区老年协会等正式组织，各类兴趣团队、健身团队、邻里互助网络等。在上述的城乡社区组织中开展互相帮助、互相援助的活动，与慈善法提倡、支持和鼓励助人为乐、团结友爱、无私奉献的友善精神的宗旨是相符合的。

在单位内部开展的职工互助互济活动，是我国社会特有的一种社会保障方式。它是由工会组织和倡导，通过宣传发动和组织动员广大职工自愿参加、自筹资金和自我完善的组织形式；是职工为防范风险，提高自身抵御风险和保障能力的自觉行动；是对我国目前社会保障体系的补充和完善。它具有广泛的参与性、会员的互助性和管理的民主性，体现自愿、民主、平等、互助、互济等特征。

  慈善与社会互助活动的区别在于，社会互助活动的受益群体仅限于社区、单位及相关群体内部，是一种面向特定对象的成员之间的互益行为；而慈善的受益群体则超越了社区、单位或特定群体的界限，以不特定社会公众为最终受益对象。

143 慈善组织以外的其他组织能否开展慈善活动?

答:慈善组织以外的其他组织可以开展力所能及的慈善活动。这里的"其他组织"是指慈善组织以外的其他所有组织,包括法人组织、非法人组织等。

慈善组织以外的其他组织开展慈善活动可以通过捐赠财产或者提供服务的方式进行,如果要开展公开慈善募捐,可以与有公开募捐资格的慈善组织合作进行。慈善组织以外的其他组织开展力所能及的慈善活动时,也应当遵循合法、自愿、诚信、非营利的原则,不得违背社会公德,不得危害国家安全、损害社会公共利益和他人合法权益。"其他组织"进行捐赠和提供服务时,也必须符合有关慈善捐赠和慈善服务的规定。

144 | 因疾病等原因向社会发布求助信息的求助人和信息发布人应当承担什么义务？

答： 因自身困难向社会寻求帮助是求助人的权利，我国宪法也规定了公民在年老、疾病或者丧失劳动能力的情形下，有从国家和社会获得物质帮助的权利。因疾病等原因导致家庭经济困难，个人可以采取多种方式向社会寻求帮助。近年来，随着网络信息技术的发展，信息的传播速度和范围大幅度扩张，个人网络求助现象不断增多。实践中，为了最大限度地获取更多的帮助，一些求助人选择夸大、虚构所遇到的困难问题，隐瞒其真实收入或者家庭财产情况。因此，慈善法明确要求求助人和信息发布人应当对信息真实性负责，不得通过虚构、隐瞒事实等方式骗取救助。"虚构、隐瞒事实"包括故意夸大或者虚构疾病的严重程度、后续治疗需求、医疗费用等情况，虚构家庭及其成员状况，隐瞒家庭的实际收入、房屋车辆等财产信息等。"骗取救助"包括骗取本不需要的救助，或者超出需要救助的范围骗取过多救助。

慈善法规定，对信息真实性负责的主体不只局限于求助人，还包括信息发布人。在实践中，很多求助人并不知晓可以通过网络向社会求助，也不清楚如何具体操作。在常见的由亲朋好友代为发布求助信息外，还出现了专门帮助求助人代为发布求助信息的人员和组织。无论信息发布人出于何种目的代求助人发布求助信息，求助信息是经由信息发布人发出的，其应当承担信息发布及传播可能产生的各种责任。同时，信息发布人相较于社会公众而言，是最有条件核实信息真实性的，要求其对信息真实性负责，有利于确保其利用便利条件充分核实求助人所提供信息的真实性，防止虚构、隐瞒事实骗取救助。

145 从事个人求助网络服务的平台应当承担什么义务？

答：个人求助网络服务平台应当对求助信息真实性进行查验。求助信息是否真实是引发多次个人网络求助相关热点事件的关键，慈善法在明确求助人和信息发布人应当对信息真实性负责的同时，进一步规定个人求助网络服务平台应当对求助信息真实性进行查验。平台应当要求求助人或者信息发布人提供能够证明其所描述病情、后续治疗、费用需求、家庭经济状况等相关信息的证明材料，并对材料的真实性进行查验。能够核实其真实性的，才能将其求助信息予以发布，否则，不得在平台上发布求助信息。经核实的信息应当及时、全面地向社会公开，不得拖延公开或者部分公开，以便于社会公众知晓并进行监督。

146 从事个人求助网络服务的平台应当遵守哪些规定？

答：慈善法明确由国务院民政部门指定能够从事个人求助网络服务的平台，同时，会同网信、工业和信息化等部门制定对平台的具体管理办法。有关部门应当按照立法法规定及各自职责制定具体规则，对求助信息发布和查验、平台服务、监督管理等作出规定，促进个人求助网络服务平台健康规范发展。从事个人求助网络服务的平台应当遵守慈善法和有关部门制定的具体管理办法的规定，依法开展活动。

附 录

中华人民共和国主席令

第十六号

《全国人民代表大会常务委员会关于修改〈中华人民共和国慈善法〉的决定》已由中华人民共和国第十四届全国人民代表大会常务委员会第七次会议于 2023 年 12 月 29 日通过，现予公布，自 2024 年 9 月 5 日起施行。

中华人民共和国主席　习近平

2023 年 12 月 29 日

中华人民共和国慈善法

（2016年3月16日第十二届全国人民代表大会第四次会议通过 根据2023年12月29日第十四届全国人民代表大会常务委员会第七次会议《关于修改〈中华人民共和国慈善法〉的决定》修正）

目　　录

第一章　总　　则

第二章　慈善组织

第三章　慈善募捐

第四章　慈善捐赠

第五章　慈善信托

第六章　慈善财产

第七章　慈善服务

第八章　应急慈善

第九章　信息公开

第十章　促进措施

第十一章　监督管理

第十二章　法律责任

第十三章　附　　则

第一章　总　　则

第一条　为了发展慈善事业，弘扬慈善文化，规范慈善活动，保护慈善组织、捐赠人、志愿者、受益人等慈善活动参与者的合法权益，促进社会进步，共享发展成果，制定本法。

第二条　自然人、法人和非法人组织开展慈善活动以及与慈善有关的活动，适用本法。其他法律有特别规定的，依照其规定。

第三条　本法所称慈善活动，是指自然人、法人和非法人组织以捐赠财产或者提供服务等方式，自愿开展的下列公益活动：

（一）扶贫、济困；

（二）扶老、救孤、恤病、助残、优抚；

（三）救助自然灾害、事故灾难和公共卫生事件等突发事件造成的损害；

（四）促进教育、科学、文化、卫生、体育等事业的发展；

（五）防治污染和其他公害，保护和改善生态环境；

（六）符合本法规定的其他公益活动。

第四条　慈善工作坚持中国共产党的领导。

开展慈善活动，应当遵循合法、自愿、诚信、非营利的原则，不得违背社会公德，不得危害国家安全、损害社会公共利益和他人合法权益。

第五条 国家鼓励和支持自然人、法人和非法人组织践行社会主义核心价值观，弘扬中华民族传统美德，依法开展慈善活动。

第六条 县级以上人民政府应当统筹、协调、督促和指导有关部门在各自职责范围内做好慈善事业的扶持发展和规范管理工作。

国务院民政部门主管全国慈善工作，县级以上地方各级人民政府民政部门主管本行政区域内的慈善工作；县级以上人民政府有关部门依照本法和其他有关法律法规，在各自的职责范围内做好相关工作，加强对慈善活动的监督、管理和服务；慈善组织有业务主管单位的，业务主管单位应当对其进行指导、监督。

第七条 每年9月5日为"中华慈善日"。

第二章 慈善组织

第八条 本法所称慈善组织，是指依法成立、符合本法规定，以面向社会开展慈善活动为宗旨的非营利性组织。

慈善组织可以采取基金会、社会团体、社会服务机构等组织形式。

第九条 慈善组织应当符合下列条件：

（一）以开展慈善活动为宗旨；

（二）不以营利为目的；

（三）有自己的名称和住所；

（四）有组织章程；

（五）有必要的财产；

（六）有符合条件的组织机构和负责人；

（七）法律、行政法规规定的其他条件。

第十条 设立慈善组织，应当向县级以上人民政府民政部门申请登记，民政部门应当自受理申请之日起三十日内作出决定。符合本法规定条件的，准予登记并向社会公告；不符合本法规定条件的，不予登记并书面说明理由。

已经设立的基金会、社会团体、社会服务机构等非营利性组织，可以向办理其登记的民政部门申请认定为慈善组织，民政部门应当自受理申请之日起二十日内作出决定。符合慈善组织条件的，予以认定并向社会公告；不符合慈善组织条件的，不予认定并书面说明理由。

有特殊情况需要延长登记或者认定期限的，报经国务院民政部门批准，可以适当延长，但延长的期限不得超过六十日。

第十一条 慈善组织的章程，应当符合法律法规的规定，并载明下列事项：

（一）名称和住所；

（二）组织形式；

（三）宗旨和活动范围；

（四）财产来源及构成；

（五）决策、执行机构的组成及职责；

（六）内部监督机制；

（七）财产管理使用制度；

（八）项目管理制度；

（九）终止情形及终止后的清算办法；

（十）其他重要事项。

第十二条 慈善组织应当根据法律法规以及章程的规定，建立健全内部治理结构，明确决策、执行、监督等方面的职责权限，开展慈善活动。

慈善组织应当执行国家统一的会计制度，依法进行会计核算，建立健全会计监督制度，并接受政府有关部门的监督管理。

第十三条 慈善组织应当每年向办理其登记的民政部门报送年度工作报告和财务会计报告。报告应当包括年度开展募捐和接受捐赠、慈善财产的管理使用、慈善项目实施、募捐成本、慈善组织工作人员工资福利以及与境外组织或者个人开展合作等情况。

第十四条 慈善组织的发起人、主要捐赠人以及管理人员，不得利用其关联关系损害慈善组织、受益人的利益和社会公共利益。

慈善组织的发起人、主要捐赠人以及管理人员与慈善组织发生交易行为的，不得参与慈善组织有关该交易行为的决策，有关交易情况应当向社会公开。

第十五条 慈善组织不得从事、资助危害国家安全和社会公共利益的活动，不得接受附加违反法律法规和违背社会公德条件的捐赠，不得对受益人附加违反法律法规和违背社会公德的条件。

第十六条 有下列情形之一的，不得担任慈善组织的负责人：

（一）无民事行为能力或者限制民事行为能力的；

（二）因故意犯罪被判处刑罚，自刑罚执行完毕之日起未逾五年的；

（三）在被吊销登记证书或者被取缔的组织担任负责人，自该组织被吊销登记证书或者被取缔之日起未逾五年的；

（四）法律、行政法规规定的其他情形。

第十七条 慈善组织有下列情形之一的，应当终止：

（一）出现章程规定的终止情形的；

（二）因分立、合并需要终止的；

（三）连续二年未从事慈善活动的；

（四）依法被撤销登记或者吊销登记证书的；

（五）法律、行政法规规定应当终止的其他情形。

第十八条 慈善组织终止，应当进行清算。

慈善组织的决策机构应当在本法第十七条规定的终止情形出现之日起三十日内成立清算组进行清算，并向社会公告。不成立清算组或者清算组不履行职责的，办理其登记的民政部门可以申请人民法院指定有关人员组成清算组进行清算。

慈善组织清算后的剩余财产，应当按照慈善组织章程的规定转给宗旨相同或者相近的慈善组织；章程未规定的，由办理其登记的民政部门主持转给宗旨相同或者相近的慈善组织，并向社会公告。

慈善组织清算结束后，应当向办理其登记的民政部门办理注销登记，并由民政部门向社会公告。

第十九条 慈善组织依法成立行业组织。

慈善行业组织应当反映行业诉求，推动行业交流，提高慈善行业公信力，促进慈善事业发展。

第二十条 慈善组织的组织形式、登记管理的具体办法由国务院制定。

第三章 慈善募捐

第二十一条 本法所称慈善募捐，是指慈善组织基于慈善宗旨募集财产的活动。

慈善募捐，包括面向社会公众的公开募捐和面向特定对象的定向募捐。

第二十二条 慈善组织开展公开募捐，应当取得公开募捐资格。依法登记满一年的慈善组织，可以向办理其登记的民政部门申请公开募捐资格。民政部门应当自受理申请之日起二十日内作出决定。慈善组织符合内部治理结构健全、运作规范的条件的，发给公开募捐资格证书；不符合条件的，不发给公开募捐资格证书并书面说明理由。

其他法律、行政法规规定可以公开募捐的非营利性组织，由县级以上人民政府民政部门直接发给公开募捐资格证书。

第二十三条　开展公开募捐，可以采取下列方式：

（一）在公共场所设置募捐箱；

（二）举办面向社会公众的义演、义赛、义卖、义展、义拍、慈善晚会等；

（三）通过广播、电视、报刊、互联网等媒体发布募捐信息；

（四）其他公开募捐方式。

慈善组织采取前款第一项、第二项规定的方式开展公开募捐的，应当在办理其登记的民政部门管辖区域内进行，确有必要在办理其登记的民政部门管辖区域外进行的，应当报其开展募捐活动所在地的县级以上人民政府民政部门备案。捐赠人的捐赠行为不受地域限制。

第二十四条　开展公开募捐，应当制定募捐方案。募捐方案包括募捐目的、起止时间和地域、活动负责人姓名和办公地址、接受捐赠方式、银行账户、受益人、募得款物用途、募捐成本、剩余财产的处理等。

募捐方案应当在开展募捐活动前报慈善组织登记的民政部门备案。

第二十五条　开展公开募捐，应当在募捐活动现场或者募捐活动载体的显著位置，公布募捐组织名称、公开募捐资格证书、募捐方案、联系方式、募捐信息查询方法等。

第二十六条 不具有公开募捐资格的组织或者个人基于慈善目的，可以与具有公开募捐资格的慈善组织合作，由该慈善组织开展公开募捐，合作方不得以任何形式自行开展公开募捐。具有公开募捐资格的慈善组织应当对合作方进行评估，依法签订书面协议，在募捐方案中载明合作方的相关信息，并对合作方的相关行为进行指导和监督。

具有公开募捐资格的慈善组织负责对合作募得的款物进行管理和会计核算，将全部收支纳入其账户。

第二十七条 慈善组织通过互联网开展公开募捐的，应当在国务院民政部门指定的互联网公开募捐服务平台进行，并可以同时在其网站进行。

国务院民政部门指定的互联网公开募捐服务平台，提供公开募捐信息展示、捐赠支付、捐赠财产使用情况查询等服务；无正当理由不得拒绝为具有公开募捐资格的慈善组织提供服务，不得向其收费，不得在公开募捐信息页面插入商业广告和商业活动链接。

第二十八条 广播、电视、报刊以及网络服务提供者、电信运营商，应当对利用其平台开展公开募捐的慈善组织的登记证书、公开募捐资格证书进行验证。

第二十九条 慈善组织自登记之日起可以开展定向募捐。

慈善组织开展定向募捐，应当在发起人、理事会成员和会员等特定对象的范围内进行，并向募捐对象说明募捐目的、募得款物用途等事项。

第三十条 开展定向募捐，不得采取或者变相采取本法第二十三条规定的方式。

第三十一条 开展募捐活动，应当尊重和维护募捐对象的合法权益，保障募捐对象的知情权，不得通过虚构事实等方式欺骗、诱导募捐对象实施捐赠。

第三十二条 开展募捐活动，不得摊派或者变相摊派，不得妨碍公共秩序、企业生产经营和居民生活。

第三十三条 禁止任何组织或者个人假借慈善名义或者假冒慈善组织开展募捐活动，骗取财产。

第四章 慈善捐赠

第三十四条 本法所称慈善捐赠，是指自然人、法人和非法人组织基于慈善目的，自愿、无偿赠与财产的活动。

第三十五条 捐赠人可以通过慈善组织捐赠，也可以直接向受益人捐赠。

第三十六条 捐赠人捐赠的财产应当是其有权处分的合法财产。捐赠财产包括货币、实物、房屋、有价证券、股权、知识产权等有形和无形财产。

捐赠人捐赠的实物应当具有使用价值，符合安全、卫生、环保等标准。

捐赠人捐赠本企业产品的，应当依法承担产品质量责任和义务。

第三十七条 自然人、法人和非法人组织开展演出、比赛、销售、拍卖等经营性活动，承诺将全部或者部分所得用于慈善目的的，应当在举办活动前与慈善组织或者其他接受捐赠的人签订捐赠协议，活动结束后按照捐赠协议履行捐赠义务，并将捐赠情况向社会公开。

第三十八条 慈善组织接受捐赠，应当向捐赠人开具由财政部门统一监（印）制的捐赠票据。捐赠票据应当载明捐赠人、捐赠财产的种类及数量、慈善组织名称和经办人姓名、票据日期等。捐赠人匿名或者放弃接受捐赠票据的，慈善组织应当做好相关记录。

第三十九条 慈善组织接受捐赠，捐赠人要求签订书面捐赠协议的，慈善组织应当与捐赠人签订书面捐赠协议。

书面捐赠协议包括捐赠人和慈善组织名称，捐赠财产的种类、数量、质量、用途、交付时间等内容。

第四十条 捐赠人与慈善组织约定捐赠财产的用途和受益人时，不得指定或者变相指定捐赠人的利害关系人作为受益人。

任何组织和个人不得利用慈善捐赠违反法律规定宣传烟草制品，不得利用慈善捐赠以任何方式宣传法律禁止宣传的产品和事项。

第四十一条 捐赠人应当按照捐赠协议履行捐赠义务。捐赠人违反捐赠协议逾期未交付捐赠财产,有下列情形之一的,慈善组织或者其他接受捐赠的人可以要求交付;捐赠人拒不交付的,慈善组织和其他接受捐赠的人可以依法向人民法院申请支付令或者提起诉讼:

(一)捐赠人通过广播、电视、报刊、互联网等媒体公开承诺捐赠的;

(二)捐赠财产用于本法第三条第一项至第三项规定的慈善活动,并签订书面捐赠协议的。

捐赠人公开承诺捐赠或者签订书面捐赠协议后经济状况显著恶化,严重影响其生产经营或者家庭生活的,经向公开承诺捐赠地或者书面捐赠协议签订地的县级以上人民政府民政部门报告并向社会公开说明情况后,可以不再履行捐赠义务。

第四十二条 捐赠人有权查询、复制其捐赠财产管理使用的有关资料,慈善组织应当及时主动向捐赠人反馈有关情况。

慈善组织违反捐赠协议约定的用途,滥用捐赠财产的,捐赠人有权要求其改正;拒不改正的,捐赠人可以向县级以上人民政府民政部门投诉、举报或者向人民法院提起诉讼。

第四十三条 国有企业实施慈善捐赠应当遵守有关国有资产管理的规定,履行批准和备案程序。

第五章 慈善信托

第四十四条 本法所称慈善信托属于公益信托,是指委托人基于慈善目的，依法将其财产委托给受托人，由受托人按照委托人意愿以受托人名义进行管理和处分，开展慈善活动的行为。

第四十五条　设立慈善信托、确定受托人和监察人，应当采取书面形式。受托人应当在慈善信托文件签订之日起七日内，将相关文件向受托人所在地县级以上人民政府民政部门备案。

未按照前款规定将相关文件报民政部门备案的，不享受税收优惠。

第四十六条　慈善信托的委托人不得指定或者变相指定其利害关系人作为受益人。

慈善信托的受托人确定受益人，应当坚持公开、公平、公正的原则，不得指定或者变相指定受托人及其工作人员的利害关系人作为受益人。

第四十七条　慈善信托的受托人，可以由委托人确定其信赖的慈善组织或者信托公司担任。

第四十八条　慈善信托的受托人违反信托义务或者难以履行职责的，委托人可以变更受托人。变更后的受托人应当自变更之日起七日内，将变更情况报原备案的民政部门重新备案。

第四十九条　慈善信托的受托人管理和处分信托财产，应当按照信托目的，恪尽职守，履行诚信、谨慎管理的义务。

慈善信托的受托人应当根据信托文件和委托人的要求，及时向委托人报告信托事务处理情况、信托财产管理使用情况。

慈善信托的受托人应当每年至少一次将信托事务处理情况及财务状况向办理其备案的民政部门报告，并向社会公开。

第五十条　慈善信托的委托人根据需要，可以确定信托监察人。

信托监察人对受托人的行为进行监督，依法维护委托人和受益人的权益。信托监察人发现受托人违反信托义务或者难以履行职责的，应当向委托人报告，并有权以自己的名义向人民法院提起诉讼。

第五十一条　慈善信托的设立、信托财产的管理、信托当事人、信托的终止和清算等事项，本章未规定的，适用本法其他有关规定；本法未规定的，适用《中华人民共和国信托法》的有关规定。

第六章　慈善财产

第五十二条　慈善组织的财产包括：

（一）发起人捐赠、资助的创始财产；

（二）募集的财产；

（三）其他合法财产。

第五十三条　慈善组织的财产应当根据章程和捐赠协议的规定全部用于慈善目的，不得在发起人、捐赠人以及慈善组织成员中分配。

任何组织和个人不得私分、挪用、截留或者侵占慈善财产。

第五十四条 慈善组织对募集的财产，应当登记造册，严格管理，专款专用。

捐赠人捐赠的实物不易储存、运输或者难以直接用于慈善目的的，慈善组织可以依法拍卖或者变卖，所得收入扣除必要费用后，应当全部用于慈善目的。

第五十五条 慈善组织为实现财产保值、增值进行投资的，应当遵循合法、安全、有效的原则，投资取得的收益应当全部用于慈善目的。慈善组织的重大投资方案应当经决策机构组成人员三分之二以上同意。政府资助的财产和捐赠协议约定不得投资的财产，不得用于投资。慈善组织的负责人和工作人员不得在慈善组织投资的企业兼职或者领取报酬。

前款规定事项的具体办法，由国务院民政部门制定。

第五十六条 慈善组织开展慈善活动，应当依照法律法规和章程的规定，按照募捐方案或者捐赠协议使用捐赠财产。慈善组织确需变更募捐方案规定的捐赠财产用途的，应当报原备案的民政部门备案；确需变更捐赠协议约定的捐赠财产用途的，应当征得捐赠人同意。

第五十七条 慈善组织应当合理设计慈善项目，优化实施流程，降低运行成本，提高慈善财产使用效益。

慈善组织应当建立项目管理制度，对项目实施情况进行跟踪监督。

第五十八条 慈善项目终止后捐赠财产有剩余的，按照募捐方案或者捐赠协议处理；募捐方案未规定或者捐赠协议未约定的，慈善组织应当将剩余财产用于目的相同或者相近的其他慈善项目，并向社会公开。

第五十九条　慈善组织确定慈善受益人，应当坚持公开、公平、公正的原则，不得指定或者变相指定慈善组织管理人员的利害关系人作为受益人。

第六十条　慈善组织根据需要可以与受益人签订协议，明确双方权利义务，约定慈善财产的用途、数额和使用方式等内容。

受益人应当珍惜慈善资助，按照协议使用慈善财产。受益人未按照协议使用慈善财产或者有其他严重违反协议情形的，慈善组织有权要求其改正；受益人拒不改正的，慈善组织有权解除协议并要求受益人返还财产。

第六十一条　慈善组织应当积极开展慈善活动，遵循管理费用、募捐成本等最必要原则，厉行节约，减少不必要的开支，充分、高效运用慈善财产。具有公开募捐资格的基金会开展慈善活动的年度支出，不得低于上一年总收入的百分之七十或者前三年收入平均数额的百分之七十；年度管理费用不得超过当年总支出的百分之十；特殊情况下，年度支出和管理费用难以符合前述规定的，应当报告办理其登记的民政部门并向社会公开说明情况。

慈善组织开展慈善活动的年度支出、管理费用和募捐成本的标准由国务院民政部门会同财政、税务等部门制定。

捐赠协议对单项捐赠财产的慈善活动支出和管理费用有约定的，按照其约定。

慈善信托的年度支出和管理费用标准，由国务院民政部门会同财政、税务和金融监督管理等部门制定。

第七章　慈善服务

第六十二条　本法所称慈善服务，是指慈善组织和其他组织以及个人基于慈善目的，向社会或者他人提供的志愿无偿服务以及其他非营利服务。

慈善组织开展慈善服务，可以自己提供或者招募志愿者提供，也可以委托有服务专长的其他组织提供。

第六十三条　开展慈善服务，应当尊重受益人、志愿者的人格尊严，不得侵害受益人、志愿者的隐私。

第六十四条　开展医疗康复、教育培训等慈善服务，需要专门技能的，应当执行国家或者行业组织制定的标准和规程。

慈善组织招募志愿者参与慈善服务，需要专门技能的，应当对志愿者开展相关培训。

第六十五条　慈善组织招募志愿者参与慈善服务，应当公示与慈善服务有关的全部信息，告知服务过程中可能发生的风险。

慈善组织根据需要可以与志愿者签订协议，明确双方权利义务，约定服务的内容、方式和时间等。

第六十六条　慈善组织应当对志愿者实名登记，记录志愿者的服务时间、内容、评价等信息。根据志愿者的要求，慈善组织应当无偿、如实出具志愿服务记录证明。

第六十七条　慈善组织安排志愿者参与慈善服务，应当与志愿者的年龄、文化程度、技能和身体状况相适应。

第六十八条　志愿者接受慈善组织安排参与慈善服务的，应当服从管理，接受必要的培训。

第六十九条　慈善组织应当为志愿者参与慈善服务提供必要条件，保障志愿者的合法权益。

慈善组织安排志愿者参与可能发生人身危险的慈善服务前，应当为志愿者购买相应的人身意外伤害保险。

第八章　应急慈善

第七十条　发生重大突发事件需要迅速开展救助时，履行统一领导职责或者组织处置突发事件的人民政府应当依法建立协调机制，明确专门机构、人员，提供需求信息，及时有序引导慈善组织、志愿者等社会力量开展募捐和救助活动。

第七十一条　国家鼓励慈善组织、慈善行业组织建立应急机制，加强信息共享、协商合作，提高慈善组织运行和慈善资源使用的效率。

在发生重大突发事件时，鼓励慈善组织、志愿者等在有关人民政府的协调引导下依法开展或者参与慈善活动。

第七十二条 为应对重大突发事件开展公开募捐的，应当及时分配或者使用募得款物，在应急处置与救援阶段至少每五日公开一次募得款物的接收情况，及时公开分配、使用情况。

第七十三条 为应对重大突发事件开展公开募捐，无法在募捐活动前办理募捐方案备案的，应当在活动开始后十日内补办备案手续。

第七十四条 县级以上人民政府及其有关部门应当为捐赠款物分配送达提供便利条件。乡级人民政府、街道办事处和村民委员会、居民委员会，应当为捐赠款物分配送达、信息统计等提供力所能及的帮助。

第九章　信息公开

第七十五条 国家建立健全慈善信息统计和发布制度。

国务院民政部门建立健全统一的慈善信息平台，免费提供慈善信息发布服务。

县级以上人民政府民政部门应当在前款规定的平台及时向社会公开慈善信息。

慈善组织和慈善信托的受托人应当在本条第二款规定的平台发布慈善信息，并对信息的真实性负责。

第七十六条 县级以上人民政府民政部门和其他有关部门应当及时向社会公开下列慈善信息：

（一）慈善组织登记事项；

（二）慈善信托备案事项；

（三）具有公开募捐资格的慈善组织名单；

（四）具有出具公益性捐赠税前扣除票据资格的慈善组织名单；

（五）对慈善活动的税收优惠、资助补贴等促进措施；

（六）向慈善组织购买服务的信息；

（七）对慈善组织、慈善信托开展检查、评估的结果；

（八）对慈善组织和其他组织以及个人的表彰、处罚结果；

（九）法律法规规定应当公开的其他信息。

第七十七条　慈善组织、慈善信托的受托人应当依法履行信息公开义务。信息公开应当真实、完整、及时。

第七十八条　慈善组织应当向社会公开组织章程和决策、执行、监督机构成员信息以及国务院民政部门要求公开的其他信息。上述信息有重大变更的，慈善组织应当及时向社会公开。

慈善组织应当每年向社会公开其年度工作报告和财务会计报告。具有公开募捐资格的慈善组织的财务会计报告须经审计。

第七十九条　具有公开募捐资格的慈善组织应当定期向社会公开其募捐情况和慈善项目实施情况。

公开募捐周期超过六个月的，至少每三个月公开一次募捐情况，公开募捐活动结束后三个月内应当全面、详细公开募捐情况。

慈善项目实施周期超过六个月的，至少每三个月公开一次项目实施情况，项目结束后三个月内应当全面、详细公开项目实施情况和募得款物使用情况。

第八十条　慈善组织开展定向募捐的，应当及时向捐赠人告知募捐情况、募得款物的管理使用情况。

第八十一条　慈善组织、慈善信托的受托人应当向受益人告知其资助标准、工作流程和工作规范等信息。

第八十二条　涉及国家秘密、商业秘密、个人隐私的信息以及捐赠人、慈善信托的委托人不同意公开的姓名、名称、住所、通讯方式等信息，不得公开。

第十章　促进措施

第八十三条　县级以上人民政府应当将慈善事业纳入国民经济和社会发展规划，制定促进慈善事业发展的政策和措施。

县级以上人民政府有关部门应当在各自职责范围内，向慈善组织、慈善信托受托人等提供慈善需求信息，为慈善活动提供指导和帮助。

第八十四条　县级以上人民政府民政部门应当建立与其他部门之间的慈善信息共享机制。

第八十五条　国家鼓励、引导、支持有意愿有能力的自然人、法人和非法人组织积极参与慈善事业。

国家对慈善事业实施税收优惠政策，具体办法由国务院财政、税务部门会同民政部门依照税收法律、行政法规的规定制定。

第八十六条　慈善组织及其取得的收入依法享受税收优惠。

第八十七条　自然人、法人和非法人组织捐赠财产用于慈善活动的，依法享受税收优惠。企业慈善捐赠支出超过法律规定的准予在计算企业所得税应纳税所得额时当年扣除的部分，允许结转以后三年内在计算应纳税所得额时扣除。

境外捐赠用于慈善活动的物资，依法减征或者免征进口关税和进口环节增值税。

第八十八条　自然人、法人和非法人组织设立慈善信托开展慈善活动的，依法享受税收优惠。

第八十九条　受益人接受慈善捐赠，依法享受税收优惠。

第九十条　慈善组织、捐赠人、受益人依法享受税收优惠的，有关部门应当及时办理相关手续。

第九十一条　捐赠人向慈善组织捐赠实物、有价证券、股权和知识产权的，依法免征权利转让的相关行政事业性费用。

第九十二条　国家对开展扶贫济困、参与重大突发事件应对、参与重大国家战略的慈善活动，实行特殊的优惠政策。

第九十三条　慈善组织开展本法第三条第一项、第二项规定的慈善活动需要慈善服务设施用地的，可以依法申请使用国有划拨土地或者农村集体建设用地。慈善服务设施用地非经法定程序不得改变用途。

第九十四条 国家为慈善事业提供金融政策支持，鼓励金融机构为慈善组织、慈善信托提供融资和结算等金融服务。

第九十五条 各级人民政府及其有关部门可以依法通过购买服务等方式，支持符合条件的慈善组织向社会提供服务，并依照有关政府采购的法律法规向社会公开相关情况。

国家鼓励在慈善领域应用现代信息技术；鼓励社会力量通过公益创投、孵化培育、人员培训、项目指导等方式，为慈善组织提供资金支持和能力建设服务。

第九十六条 国家鼓励有条件的地方设立社区慈善组织，加强社区志愿者队伍建设，发展社区慈善事业。

第九十七条 国家采取措施弘扬慈善文化，培育公民慈善意识。

学校等教育机构应当将慈善文化纳入教育教学内容。国家鼓励高等学校培养慈善专业人才，支持高等学校和科研机构开展慈善理论研究。

广播、电视、报刊、互联网等媒体应当积极开展慈善公益宣传活动，普及慈善知识，传播慈善文化。

第九十八条 国家鼓励企业事业单位和其他组织为开展慈善活动提供场所和其他便利条件。

第九十九条 经受益人同意，捐赠人对其捐赠的慈善项目可以冠名纪念，法律法规规定需要批准的，从其规定。

第一百条 国家建立慈善表彰制度，对在慈善事业发展中做出突出贡献的自然人、法人和非法人组织，由县级以上人民政府或者有关部门予以表彰。

第一百零一条　县级以上人民政府民政等有关部门将慈善捐赠、志愿服务记录等信息纳入相关主体信用记录，健全信用激励制度。

第一百零二条　国家鼓励开展慈善国际交流与合作。

慈善组织接受境外慈善捐赠、与境外组织或者个人合作开展慈善活动的，根据国家有关规定履行批准、备案程序。

第十一章　监督管理

第一百零三条　县级以上人民政府民政部门应当依法履行职责，对慈善活动进行监督检查，对慈善行业组织进行指导。

第一百零四条　县级以上人民政府民政部门对涉嫌违反本法规定的慈善组织、慈善信托的受托人，有权采取下列措施：

（一）对慈善组织、慈善信托的受托人的住所和慈善活动发生地进行现场检查；

（二）要求慈善组织、慈善信托的受托人作出说明，查阅、复制有关资料；

（三）向与慈善活动有关的单位和个人调查与监督管理有关的情况；

（四）经本级人民政府批准，可以查询慈善组织的金融账户；

（五）法律、行政法规规定的其他措施。

慈善组织、慈善信托的受托人涉嫌违反本法规定的，县级以上人民政府民政部门可以对有关负责人进行约谈，要求其说明情况、提出改进措施。

其他慈善活动参与者涉嫌违反本法规定的，县级以上人民政府民政部门可以会同有关部门调查和处理。

第一百零五条 县级以上人民政府民政部门对慈善组织、有关单位和个人进行检查或者调查时，检查人员或者调查人员不得少于二人，并应当出示合法证件和检查、调查通知书。

第一百零六条 县级以上人民政府民政部门应当建立慈善组织及其负责人、慈善信托的受托人信用记录制度，并向社会公布。

县级以上人民政府民政部门应当建立慈善组织评估制度，鼓励和支持第三方机构对慈善组织的内部治理、财务状况、项目开展情况以及信息公开等进行评估，并向社会公布评估结果。

第一百零七条 慈善行业组织应当建立健全行业规范，加强行业自律。

第一百零八条 任何单位和个人发现慈善组织、慈善信托有违法行为的，可以向县级以上人民政府民政部门、其他有关部门或者慈善行业组织投诉、举报。民政部门、其他有关部门或者慈善行业组织接到投诉、举报后，应当及时调查处理。

国家鼓励公众、媒体对慈善活动进行监督，对假借慈善名义或者假冒慈善组织骗取财产以及慈善组织、慈善信托的违法违规行为予以曝光，发挥舆论和社会监督作用。

第十二章　法律责任

第一百零九条　慈善组织有下列情形之一的,由县级以上人民政府民政部门责令限期改正,予以警告或者责令限期停止活动,并没收违法所得;情节严重的,吊销登记证书并予以公告:

(一)未按照慈善宗旨开展活动的;

(二)私分、挪用、截留或者侵占慈善财产的;

(三)接受附加违反法律法规或者违背社会公德条件的捐赠,或者对受益人附加违反法律法规或者违背社会公德的条件的。

第一百一十条　慈善组织有下列情形之一的,由县级以上人民政府民政部门责令限期改正,予以警告,并没收违法所得;逾期不改正的,责令限期停止活动并进行整改:

(一)违反本法第十四条规定造成慈善财产损失的;

(二)指定或者变相指定捐赠人、慈善组织管理人员的利害关系人作为受益人的;

(三)将不得用于投资的财产用于投资的;

(四)擅自改变捐赠财产用途的;

(五)因管理不善造成慈善财产重大损失的;

(六)开展慈善活动的年度支出、管理费用或者募捐成本违反规定的;

(七)未依法履行信息公开义务的;

（八）未依法报送年度工作报告、财务会计报告或者报备募捐方案的；

（九）泄露捐赠人、志愿者、受益人个人隐私以及捐赠人、慈善信托的委托人不同意公开的姓名、名称、住所、通讯方式等信息的。

慈善组织违反本法规定泄露国家秘密、商业秘密的，依照有关法律的规定予以处罚。

慈善组织有前两款规定的情形，经依法处理后一年内再出现前款规定的情形，或者有其他情节严重情形的，由县级以上人民政府民政部门吊销登记证书并予以公告。

第一百一十一条 慈善组织开展募捐活动有下列情形之一的，由县级以上人民政府民政部门予以警告，责令停止募捐活动；责令退还违法募集的财产，无法退还的，由民政部门予以收缴，转给其他慈善组织用于慈善目的；情节严重的，吊销公开募捐资格证书或者登记证书并予以公告，公开募捐资格证书被吊销的，五年内不得再次申请：

（一）通过虚构事实等方式欺骗、诱导募捐对象实施捐赠的；

（二）向单位或者个人摊派或者变相摊派的；

（三）妨碍公共秩序、企业生产经营或者居民生活的；

（四）与不具有公开募捐资格的组织或者个人合作，违反本法第二十六条规定的；

（五）通过互联网开展公开募捐，违反本法第二十七条规定的；

（六）为应对重大突发事件开展公开募捐，不及时分配、使用募得款物的。

第一百一十二条　慈善组织有本法第一百零九条、第一百一十条、第一百一十一条规定情形的，由县级以上人民政府民政部门对直接负责的主管人员和其他直接责任人员处二万元以上二十万元以下罚款，并没收违法所得；情节严重的，禁止其一年至五年内担任慈善组织的管理人员。

第一百一十三条　不具有公开募捐资格的组织或者个人擅自开展公开募捐的，由县级以上人民政府民政部门予以警告，责令停止募捐活动；责令退还违法募集的财产，无法退还的，由民政部门予以收缴，转给慈善组织用于慈善目的；情节严重的，对有关组织或者个人处二万元以上二十万元以下罚款。

自然人、法人或者非法人组织假借慈善名义或者假冒慈善组织骗取财产的，由公安机关依法查处。

第一百一十四条　互联网公开募捐服务平台违反本法第二十七条规定的，由省级以上人民政府民政部门责令限期改正；逾期不改正的，由国务院民政部门取消指定。

未经指定的互联网信息服务提供者擅自提供互联网公开募捐服务的，由县级以上人民政府民政部门责令限期改正；逾期不改正的，由县级以上人民政府民政部门会同网信、工业和信息化部门依法进行处理。

广播、电视、报刊以及网络服务提供者、电信运营商未依法履行验证义务的，由其主管部门责令限期改正，予以警告；

逾期不改正的，予以通报批评。

第一百一十五条　慈善组织不依法向捐赠人开具捐赠票据、不依法向志愿者出具志愿服务记录证明或者不及时主动向捐赠人反馈有关情况的，由县级以上人民政府民政部门予以警告，责令限期改正；逾期不改正的，责令限期停止活动。

第一百一十六条　慈善组织弄虚作假骗取税收优惠的，由税务机关依法查处；情节严重的，由县级以上人民政府民政部门吊销登记证书并予以公告。

第一百一十七条　慈善组织从事、资助危害国家安全或者社会公共利益活动的，由有关机关依法查处，由县级以上人民政府民政部门吊销登记证书并予以公告。

第一百一十八条　慈善信托的委托人、受托人有下列情形之一的，由县级以上人民政府民政部门责令限期改正，予以警告，并没收违法所得；对直接负责的主管人员和其他直接责任人员处二万元以上二十万元以下罚款：

（一）将信托财产及其收益用于非慈善目的的；

（二）指定或者变相指定委托人、受托人及其工作人员的利害关系人作为受益人的；

（三）未按照规定将信托事务处理情况及财务状况向民政部门报告的；

（四）违反慈善信托的年度支出或者管理费用标准的；

（五）未依法履行信息公开义务的。

第一百一十九条　慈善服务过程中，因慈善组织或者志愿者过错造成受益人、第三人损害的,慈善组织依法承担赔偿责任;损害是由志愿者故意或者重大过失造成的,慈善组织可以向其追偿。

志愿者在参与慈善服务过程中,因慈善组织过错受到损害的,慈善组织依法承担赔偿责任;损害是由不可抗力造成的,慈善组织应当给予适当补偿。

第一百二十条 县级以上人民政府民政部门和其他有关部门及其工作人员有下列情形之一的,由上级机关或者监察机关责令改正;依法应当给予处分的,由任免机关或者监察机关对直接负责的主管人员和其他直接责任人员给予处分:

(一)未依法履行信息公开义务的;

(二)摊派或者变相摊派捐赠任务,强行指定志愿者、慈善组织提供服务的;

(三)未依法履行监督管理职责的;

(四)违法实施行政强制措施和行政处罚的;

(五)私分、挪用、截留或者侵占慈善财产的;

(六)其他滥用职权、玩忽职守、徇私舞弊的行为。

第一百二十一条 违反本法规定,构成违反治安管理行为的,由公安机关依法给予治安管理处罚;构成犯罪的,依法追究刑事责任。

第十三章 附 则

第一百二十二条 城乡社区组织、单位可以在本社区、单位内部开展群众性互助互济活动。

第一百二十三条 慈善组织以外的其他组织可以开展力所能及的慈善活动。

第一百二十四条 个人因疾病等原因导致家庭经济困难，向社会发布求助信息的，求助人和信息发布人应当对信息真实性负责，不得通过虚构、隐瞒事实等方式骗取救助。

从事个人求助网络服务的平台应当经国务院民政部门指定，对通过其发布的求助信息真实性进行查验，并及时、全面向社会公开相关信息。具体管理办法由国务院民政部门会同网信、工业和信息化等部门另行制定。

第一百二十五条 本法自2016年9月1日起施行。

图书在版编目（CIP）数据

中华人民共和国慈善法百问百答 / 石宏主编.
北京 ： 中国法制出版社，2024. 9. -- ISBN 978-7-5216-4577-4

Ⅰ. D922.182.34

中国国家版本馆 CIP 数据核字第 2024HW9328 号

责任编辑：李槟红　　　　　　　　　　　　　　封面设计：李　宁

中华人民共和国慈善法百问百答
ZHONGHUA RENMIN GONGHEGUO CISHANFA BAIWEN BAIDA

主编/石宏
经销/新华书店
印刷/三河市国英印务有限公司
开本/880 毫米×1230 毫米　32 开　　　　　印张/ 9.5　字数/ 132 千
版次/2024 年 9 月第 1 版　　　　　　　　　2024 年 9 月第 1 次印刷

中国法制出版社出版
书号 ISBN 978-7-5216-4577-4　　　　　　　　　　　　定价：39.00 元

北京市西城区西便门西里甲 16 号西便门办公区
邮政编码：100053　　　　　　　　　　　传真：010-63141600
网址：http：//www.zgfzs.com　　　　　编辑部电话：010-63141671
市场营销部电话：010-63141612　　　　印务部电话：010-63141606

（如有印装质量问题，请与本社印务部联系。）